U0923966

世纪波
Century Wave

“独角兽”商业创新书系

作为一名企业家或创新者，你正朝着正确的方向奔跑吗

WHERE TO PLAY

3 STEPS FOR DISCOVERING YOUR MOST VALUABLE MARKET OPPORTUNITIES

正向创业

新创企业的创业思维，三步确定最有价值的创业机会

[瑞士] 马克·格鲁伯（Marc Gruber）
[以] 莎朗·塔尔（Sharon Tal） 著
刘薇娜 译
BCC兴远 审校

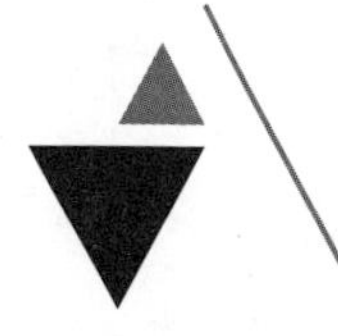

電子工業出版社
Publishing House of Electronics Industry
北京·BEIJING

版权贸易合同登记号　图字：01-2018-2655

图书在版编目（CIP）数据

正向创业：新创企业的创业思维，三步确定最有价值的创业机会 /（瑞士）马克·格鲁伯（Marc Gruber），（以）莎朗·塔尔（Sharon Tal）著；刘薇娜译．—北京：电子工业出版社，2019.1

书名原文：Where to Play: 3 Steps for Discovering Your Most Valuable Market Opportunities
ISBN 978-7-121-35478-6

Ⅰ．①正…　Ⅱ．①马…　②莎…　③刘…　Ⅲ．①创业－研究　Ⅳ．① F241.4

中国版本图书馆 CIP 数据核字 (2018) 第 256789 号

策划编辑：刘　殊
责任编辑：杨洪军
印　　刷：三河市华成印务有限公司
装　　订：三河市华成印务有限公司
出版发行：电子工业出版社
　　　　　北京市海淀区万寿路173信箱　　邮编100036
开　　本：720×1000　1/16　印张：13.75　字数：220千字
版　　次：2019年1月第1版
印　　次：2019年1月第1次印刷
定　　价：58.00元

凡所购买电子工业出版社图书有缺损问题，请向购买书店调换。若书店售缺，请与本社发行部联系，联系及邮购电话：（010）88254888，88258888。

质量投诉请发邮件至zlts@phei.com.cn，盗版侵权举报请发邮件至dbqq@phei.com.cn。

本书咨询联系方式：（010）88254199，sjb@phei.com.cn。

投稿邮箱：lius@phei.com.cn。

外界对本书的评价

可以与商业模式和价值主张画布实现完美组合，马克和莎朗提出的创业机会导航帮助创业者和创新者对科技进行商业化。如果你想要更佳地识别、评估创业机会并为此制定战略，那你会发现专项工作表、地图和标靶是非常有利的工具。请享受本书中呈现的工具箱和案例研究及马克和莎朗的思路。

——亚历克斯·奥斯特瓦德，伊夫·皮尼厄

畅销书 *Business Model Generation* 作者

创业领域的国际知名专家为创业者写了一本关于创业机会的“工具书”，这注定是一本极具价值的书。马克·格鲁伯和莎朗·塔尔的书正是创业新人和成熟创业者需要的。该书涵盖了分步计划和识别创业机会的实用建议，是精益创业过程和商业模式画布的完美补充！

——艾瑞克·冯希培，T. 威尔逊

MIT 斯隆管理学院创业教授

这个创新性的分步指南源于有着创业思维模式的领导者，通过市场要素对创业机会进行思考。作者没有采用一般例子或其他人的事例，而是鼓励读者去识别、评估和实施他们自己的机会，让读者处于主导地位。我已找不出比这本书更有实际意义的创业类图书了。

——迪恩·A. 谢普德，雷和米兰·齐格弗里德

诺特丹大学门多萨商学院创业教授

在创业者投身于创业前，格鲁伯和塔尔为他们搭建了一条识别和分析其机会的直观方法。这本书与商业模式画布和精益创业可以实现完美对接。最重要的是，它可以告诉你如何聚焦及不要做什么！

——亨利·切萨布鲁夫

加州大学伯克利分校哈斯商学院教授，畅销书 *Open Innovation* 作者

利用深入的研究和引人入胜的实例，本书在创建新企业时为平衡聚焦和敏捷性提供了重要指导。它建立在精准创业理论基础上，在首先应对市场的哪些方面有着深刻的见解。

——蒂娜·谢利

斯坦福大学工程学院荣誉教授

本书直击创业者必须解决的最有难度的问题之一：“我应该对准哪个目标市场？”这是一本直观、便于使用又充满常识的书。如果我正处于创业期，那我从开始阶段就一定参照这本书！

——约翰·穆林斯

伦敦商学院教授；畅销书 *The New Business Road Test*

和 *The Gustomer-Funded Business* 作者

创业者的困境：聚焦、聚焦、聚焦，但聚焦点到底是什么?

大卫·罗斯（David Roth），《福布斯杂志》（*Forbes Magazine*）

对于“聚焦”，最难的是：你认为聚焦是关于“适用”，而其实聚焦是关于“不适用”。

史蒂夫·乔布斯（Steve Jobs），苹果（Apple）企业创始人之一

创新是固执和敏捷同时并存的矛盾体，但问题是你不知道什么时候该固执，什么时候该敏捷。

杰夫·贝佐斯（Jeff Bezos），亚马逊（Amazon）创始人

做好准备，迎接新想法。
但往往你会为此抛弃旧想法。

保罗·格雷厄姆（Paul Graham），Y Combinator创始人之一

如果这些事情对你来说都是挑战，那这本书就是为你而准备的。

《正向创业：新创企业的创业思维，三步确定最有价值的创业机会》详细介绍了创业机会导航，
一个可以帮助你做到以下几点的工具：

- 发现具有潜力的创业机会
- 评估创业机会的价值
- 
有针对性地制定战略关注点

这本书就是要你做到方向正确，
思维敏捷，不失重心！

目录

概　述

1.1 你选择的方向是否正确

1.2 简要概括创业机会导航（Market Opportunity Navigator）

1.1 你选择的方向是否正确

创新商业化需持之以恒

扫除障碍，在前进中进步，这需要你付出巨大的努力。这一路上，并不是简单地向前冲。但创业者和创新者受到的训练就是快速冲刺。在新产品或新服务等待被认可的过程中，时间就是你最大的敌人，所以，速度被认为是成功创新的关键。

但是，如果你朝着错误的方向奔跑，那不管跑得多快都是徒劳。如果你看准的创业机会并无价值，或者没有找到正确的市场领域，那就是在浪费时间、精力、资源及其他一切！

找准正确的方向并非易事。独特的资源和能力可以让你满足不同用户的不同需求，以此为你的企业创造几个有潜力的创业机会，或者为创业道路找到几个不同的可选择的方向。

> 所以，在提速之前，一定要确保奔跑的方向是正确的，因为……

不同方向导致不同的结果

创业机会创造价值的潜力不尽相同，同样，每个人的销售能力和取得成功的能力也各有差异。

你对市场的选择会影响企业发展

对市场的选择直接限定了你的新创企业的很多方面。一旦确定，很难再改变，特别是在投资巨大的情况下。

自我提问

- □ 我如何识别黄金机会?
- □ 我是否错过了黄金机会?
- □ 在存在很多不确定性的情况下，我如何辨别最具价值的创业机会?
- □ 我如何放弃看起来极具潜力的机会?
- □ 我是否应该同时抓住多个机会?

创业机会导航会支持你的市场选择，帮助你系统地发现最具价值的创业机会。

简而言之，它会帮助你选择正确的方向。

你是否让自己受限于一个方向

一旦选择了方向，你就要动作敏捷，决不放慢脚步。你的努力、资源、精力都需要放在已选择的这个方向上，同时，你还需要有针对性地提升自身能力，能够随时改变前进的方向。

这是因为，可能会发生未预见的事情：尽管你倾尽全力选择了最具潜力的方向，但仍然有可能走进死胡同，需要改变方向；你可能会发现另一个更具吸引力的新机会，想要评估它的潜力；或者，一路走来，你只是想要以更高效的方式探索下个发展方向。总之，行进途中随时可能出现新的岔路口，虽然目前无法预测，但你必须确保自己到时能充分利用它们。

那么，在向着你选择的方向奔跑时，时刻保持敏捷到底意味着什么？这意味着你要充分地了解自己的选择，可以在各种选择中自由切换，这样，在未来就可以避免将其他可选择的且有潜力的方向拒之门外。

当你有意识地不排斥其他机会选项时，你可以创造更模块化的技术，抛出覆盖面更广的知识产权网，甚至会选择一个会让企业重新定位的品牌名称。总之，它能够帮助你扩大资源，提高能力，让你在前进的道路中更具敏捷性。

特别是新创企业，既保持聚焦又不失敏捷，这一点至关重要。如果你将现有的资源集中在单一方向上，无法有效地应对变革，你很可能会输掉比赛……

创业者的挑战：聚焦并保持敏捷

自我提问

- □ 如果市场选择如此重要，那我该如何制定备用机会选项（简称备选项），对冲风险？
- □ 我该如何在高度聚焦的同时保持敏捷？
- □ 新信息可能会打击我对所选方向的信心，此时我该如何处理这些信息？
- □ 我该如何处理所行进道路上的下个岔路口？

创业机会导航会帮助你根据现有机会选项制定战略，识别哪些机会选项可以作为备用方案或用于新发展，这样你就可以同时保持聚焦和敏捷。

三步证明你的创业机会选择

本书将向你展示三个步骤，用以制定创业机会战略及准确定位。

Ⅰ. 广泛搜索

我们可以有哪些创业机会?

在起跑前，最重要的一点就是了解地形，发现不同路径。第一步将指导你如何系统、广泛地搜索创业机会，便于制定一组不同的机会选项。

Ⅱ. 深入评估

最具吸引力的创业机会是什么?

接下来，要评估你的机会选项，了解它们的优劣势。第二步将指导你如何评估这些机会，这样，你就可以客观地估测和比较它们的优缺点了。

Ⅲ. 有针对性地制定战略

我们应该关注哪些创业机会?

这就是选择的魅力所在了：它不仅要关注最具潜力的机会选项，还要保持敏捷。第三步将指导你如何制定敏捷聚焦战略（Agile Focus Strategy），这样，你就可以降低风险，提高创造的价值，达到事半功倍的效果。

总之，本书将和你携手并进：

许多可能的创业机会选项……→ 识别各机会选项的模式和不同点……→ 制定可行战略……

直面不确定性，实现商业化

敏捷聚焦战略明确了你现在所要抓住的创业机会，以及作为备选或下一步发展的机会，这样，你就可以在有诸多不确定性的情况下，以远见和敏捷来管理刚刚起步的企业。

这种巧妙的组合对于朝着正确的方向奔跑和保持敏捷很重要。最终，它会对你如何建立和设计自己的企业产生深远的影响。

所以在你 ______ 之前：

- □ 开发技术
- □ 申请专利
- □ 招聘新员工
- □ 吸引投资者
- □ 建设企业文化
- □ 选择品牌名称
- □ 设计推广材料

一定要利用创业机会导航并且设计自己的敏捷聚焦战略！

提高企业创造价值的潜力

创业机会导航三步法可以成功地……

强化你的决策能力

识别具有价值的机会，做出明智决策，提高自身价值创造的潜力——一个客观、不全凭直觉做出的决策。

建立共同语言

要与团队成员和利益相关方（本书主要指股东、投资者、合作人等）沟通交流、分享信息，各抒己见，以此来提高自身的学习能力，挖掘自身的潜力，同时让大家更容易达成共识。

提供指导

在前进途中遇到任何岔路口或你的战略受到新信息的冲击时，回过头，追踪和修正你的决策。就像生活中通过导航仪了解其他道路一样，它会在必要时帮助你重新规划路线。它是你的学习伙伴。

创业机会导航适用于——

新创企业

企业在创立初期通常会面对很多的不确定性，难以找到成功之路。此时，创业者会利用现有的所有资源做两个方面的准备：一方面聚焦于某一个最具价值的机会选项，另一方面还会准备多个备选项。创业机会导航会跟随创业者的创业之路，帮助他们辨别和规划所有可选项，最终引导他们走向成功。

成熟企业

成熟企业所面对的难题是如何从现有资产中找到最具价值的机会和如何识别新的发展机会。创业机会导航会帮助成熟企业识别下个“大”事件，科学管理“创新漏斗”，这样，他们为企业所做的努力才能更大概率地获取成功。

技术转让型科研机构

如何将实验室产出的创新科技商业化或延长其有效期是研究机构经常遇到的难题。虽然为这些发明创造找到潜在的应用场景或客户并非易事，但这一点对技术转让型科研机构来说却至关重要。创业机会导航会验证他们为某一发明申请专利的决定的正确性，帮助他们了解如何授权这项专利及向谁授权。

投资者

投资者会不断地寻找有前景的创业机会。虽然他们想要投资于某个具体的项目，但同时他们又非常重视敏捷性。他们可以将这个导航看作筛选工具：评估一个机会的吸引力，如果发现这个机会有潜力，那可以围绕它衍生一系列投资机会。

教育者和企业加速器

不管你是在高校讲授创业或科技商业化课程，还是在企业加速器或孵化器中协助创业者，本书都提供了一套重要工具，清晰地列出了这个过程中所有的重要考虑因素，既简单又易于操作。

其他创业工具与创业机会导航配合使用

创业机会导航是一个操作便捷的创业工具，在选择最佳机会时，可以系统地识别、严格地评估现有创业机会。它不仅可以让你有针对性地制定战略，还可以在你不断发展、进步的过程中反映和调整此战略。

为了使这个学习过程覆盖面更广、更完整，我们建议你结合其他关键方法和创业工具来使用创业机会导航。具体来讲，创业机会导航设计的目的是要与亚历山大 · 奥斯特瓦德（Alexander Osterwalder）和伊夫 · 皮尼厄（Yves Pigneur）提出的商业模式（Business Model）画布和价值主张画布（Value Proposition Canvases）与埃里克 · 莱斯（Eric Ries）和史蒂夫 · 布兰克（Steve Blank）提出的精益创业理论（Lean Start-up Methodology）结合使用。

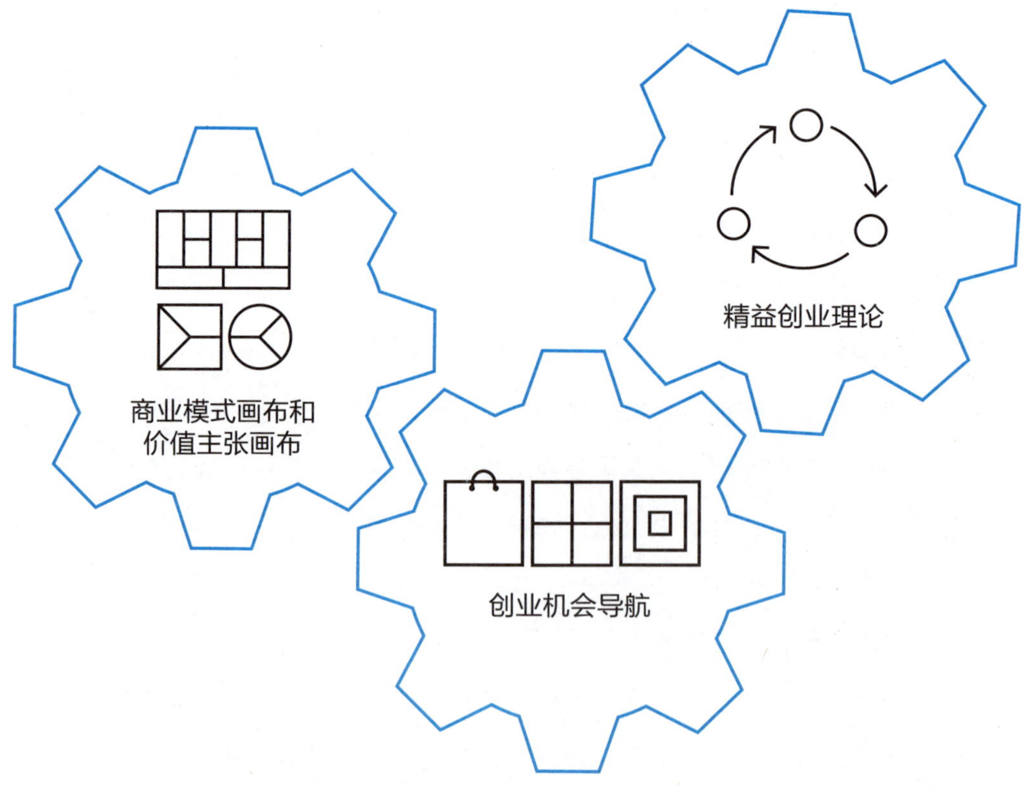

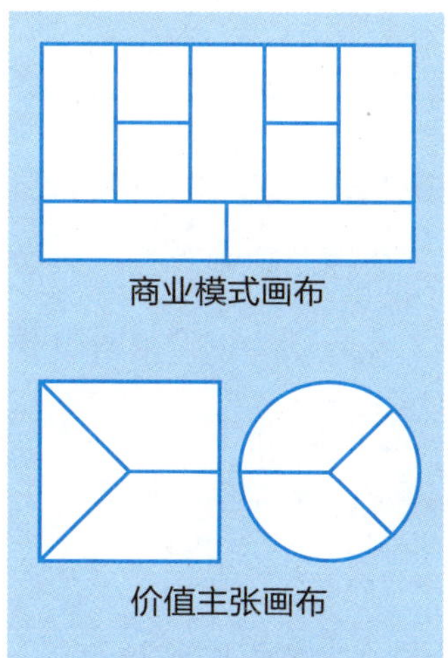

商业模式画布和价值主张画布为你制定战略提供重要框架，为用户和企业创造价值。

创业机会导航是从宏观的角度看各个机会的发展前景的，着重分析商业模式画布和价值主张画布的微观计划。总之，这三种工具相辅相成，可以制定出周全的战略规划，为你的努力寻找最“肥沃的土地”。

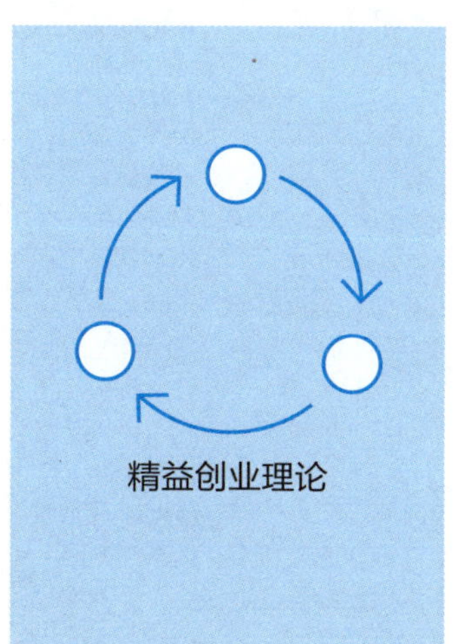

精益创业理论通过快速、反复的市场试验为企业开发的产品是否满足用户需求提供重要的验证过程。

创业机会导航和精益创业理论的结合可以有效验证某个制胜战略：在你快速完成学习的精益周期过程中，导航负责提供计划、回顾和调整的实时工具，确保你时刻掌控全局及目前正在测试的路径。

这套创业工具能够帮助你了解创新创业过程中的基本问题，这是单一工具无法实现的。整体大于各部分之和。**充分利用这个强大的工具组合，制定战略，赢得成功。**

如何利用这套创业工具获取最大利益？详细内容请见 3.3。

1.2 简要概括创业机会导航

创业机会导航旨在帮助你掌握创业机会战略并找到你的主战场。它提供了一个操作简便的结构化决策框架，涵盖了三个在制定制胜战略时需要考虑的主要问题：①我们拥有哪些创业机会？②哪些创业机会最吸引我们？③我们应该关注哪些创业机会？

创业机会导航将逐步引导你回答以上三个问题。利用专项工作表找出最佳机会选项，再用可视化方式描述它们的成果，经过这些步骤，正确的选择最终会浮出水面。导航由三部分组成，与以上三个重要问题相对应：创业机会集合（Market Opportunity Set）、吸引力地图（Attractiveness Map）和敏捷聚焦标靶（Agile Focus Dartboard）。

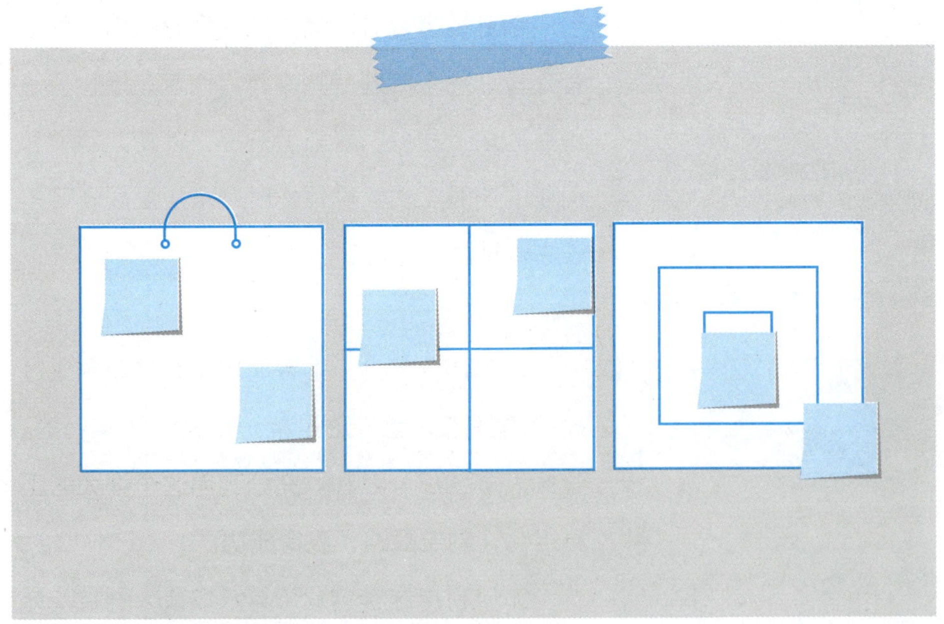

创业机会集合

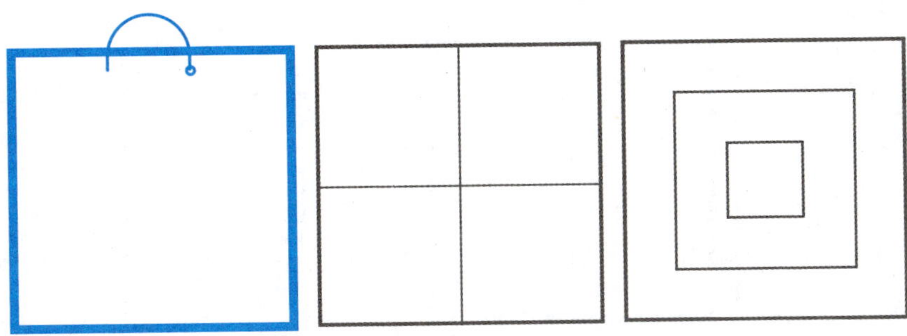

什么是创业机会集合

创业机会集合是利用你的核心资源和能力能够解决的潜在创业机会集合。这些机会是不同的选项，与不同类型用户的不同需求有关。

创业机会集合为什么重要

不同的创业机会具有不同的吸引力。不同创业机会的组合本身就是一种资产，它可以增加你选中最具潜力的机会的概率，同时，它也是制定备用计划的基础，需要时，还可以找到新的发展机会。因此，“三思而后行”是制定制胜战略的第一步。

如何完成创业机会集合

为了找到有价值的创业机会，首先要评估核心能力的基本功能，了解如何利用这些功能为不同类型用户的创造其他用途。

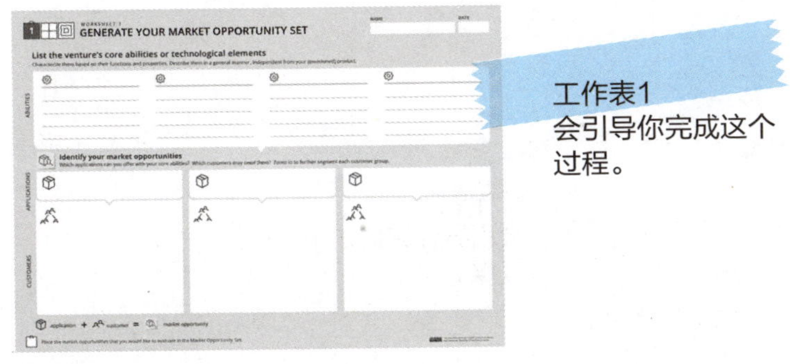

工作表1
会引导你完成这个过程。

吸引力地图

什么是吸引力地图

因为不同的创业机会具有不同的吸引力，所以你要了解它们的价值。利用吸引力地图，你可以从视觉上直观描述不同创业机会的评估结果，清楚地看到它们的优缺点并进行对比。

吸引力地图为什么重要

这种可视化的方式可以在一定时间内识别出对你来说最具价值的机会选项，从而，让你在主要创业机会（Primary Market Opportunity）这个问题上做出明智决策，因为这个决策不是靠直觉来做的，任何偏见（人类与生俱来的）都会对其产生负面影响。

如何完成吸引力地图

创业机会创造价值的潜力及其价值获取的难易程度决定了潜在创业机会的吸引力。每个机会选项在以上两个方面的得分决定了这个机会在地图上的位置。

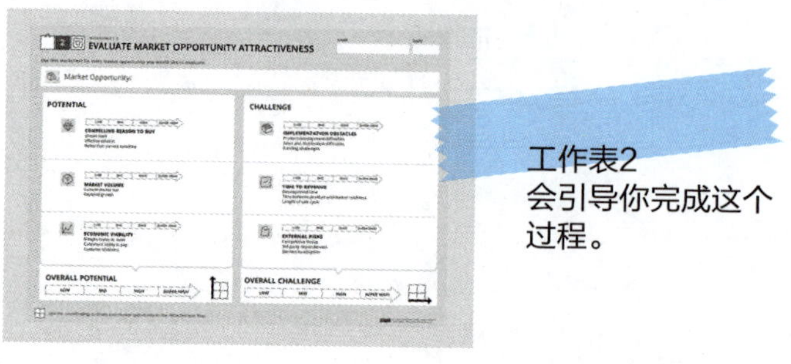
EVALUATE MARKET OPPORTUNITY ATTRACTIVENESS

Market Opportunity:

POTENTIAL

CHALLENGE

OVERALL POTENTIAL

OVERALL CHALLENGE

工作表2
会引导你完成这个过程。

敏捷聚焦标靶

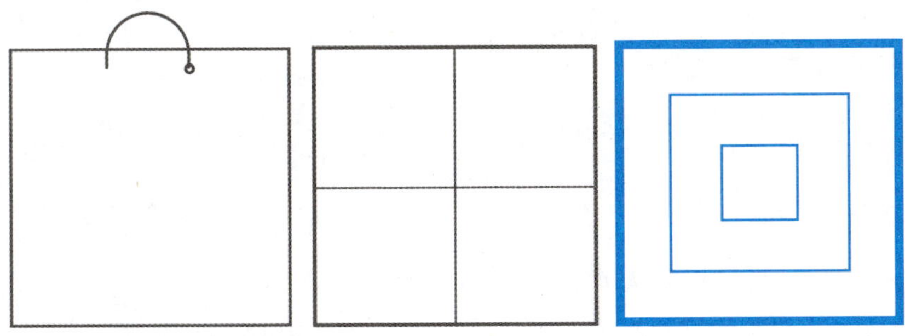

什么是敏捷聚焦标靶

这个标靶呈现了你的敏捷聚焦战略。这个战略要求你通过留意其他机会选项来平衡聚焦和敏捷性这两个特点：那些能够让你用最少的付出就能降低风险、提升价值的机会选项。

敏捷聚焦标靶为什么重要

通过敏捷聚焦战略，你可以在对冲风险的同时充分利用你的能力，合理分配资源，排除被套牢、受到致命一击的可能性。敏捷聚焦战略对你如何构建和设计企业具有重要意义。

如何完成敏捷聚焦标靶

在选出你的主要创业机会后，根据其他机会选项的吸引力和它们与主要市场的契合程度，要对其他机会选项进行分析，明确哪些选项机会适合做备选项或适合新发展的要求。经过这种分析，你可以知道哪些机会选项适合同时进行，哪些可以作为后期的备选项或暂时搁置。

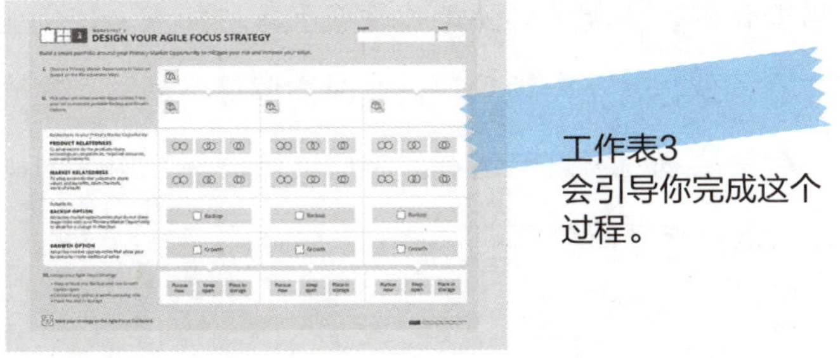

在你开始“大干一场”之前……

1. 这是一个过程

创业机会导航的应用是一个需要你付出时间和精力的过程。通常情况下，为此消耗时间是与个人想法相悖的，因为大多数创业者和创新者倾向于“放手去做”。提前准备好产品，搁置在仓库中，似乎是对时间的充分利用。但事实上，预先思考企业的创业机会，找到重要的不确定因素，才是你用较低成本快速通往成功之路的手段。

过程和结果同样重要

虽然创业机会导航旨在帮助你制定明智的战略，但学习如何做到同样重要！导航会帮助你找出企业优势、竞争格局、目标用户和障碍。你可以使用导航给出的过程来验证对某个创业机会的预测是否准确，再逐步将它付诸实践。所以，不要走捷径或跳过这个过程中的某些部分。你在这个过程中学到的知识是必不可少的！

不断迭代才能效果最佳

这个过程看起来是线性过程，但其实不是。随着知识的积累和新创业机会的发现，你会在不同的步骤间来回穿梭。

习惯成自然

创业机会导航会帮助你做出正确的市场进入决策，但它的功能不局限于此。事情是不断发展变化的，你需要额外地关注新因素的加入。让创业机会导航成为你常伴左右的伙伴，不断地学习，及时掌握最新动态。在必须进行战略调整时，你会更容易注意这一情况。导航能够让你在第一时间捕捉更好的想法，克服挑战，摒弃旧观点。

2. 根据自身需求践行这三个步骤

虽然我们以结构性和阶段性的方式来描述导航的过程，但打乱导航中的各个步骤或根据具体问题或困境只采用其中某个（些）步骤也是常见的，这样有时甚至更有效。

可以从不同的点切入

根据已知的信息或已做出的决策，你可以在不同的阶段使用创业机会导航，也可以使用不同的步骤。例如，你可以使用导航对比不同的潜在创业机会，但不要用此寻找备选项，或围绕你已选定的目标市场制定机会组合。

市场拉动

一些企业最初的战略可能是要解决某个具体的市场需求。这种方式被称为“市场拉动”。如果你的企业也属于这种类型，那创业机会导航对你来说就具有极高的利用价值，它可以评估你的初始目标市场。如果经过验证，你选择的创业机会具有较大的潜力，你可以根据它制定敏捷聚焦战略；如果你选择的创业机会具有较小的潜力，创业机会导航会帮助你找到更具价值的创业机会！

技术推动

还有一些企业的最初战略是利用技术发明为其寻找潜在应用场景。这类企业被称为“技术推动”型企业。如果你的企业符合这种特征，那创业机会导航对你来说也具有极高的利用价值，它可以根据企业的创新性寻找潜在的创业机会，并对这些机会进行评估，从而形成敏捷聚焦战略。

3. 高效工作

导航为你提供的是最重要的问题，但它并没有给出答案，一旦你明确了目标市场，这些问题就会迎刃而解。为了高效地找到答案，我们有如下建议。

避免“分析性麻痹”

分析性麻痹是一种常见的现象，它指管理者在收集完所有可能信息之前不愿做出重大决策。虽然我们给出的这个框架也要求你在制定战略前收集全面的数据，但我们还要提醒你的是适可而止。我们无法完全消除不确定因素。所以，做好准备，决策的基础是“有认知、有专业基础的直觉”，而不是一套完整的数据。分析不足和分析过度之间没有明确的界线，所以你应该注意这一点。

注意你的偏见

人类从来都不是完美无瑕的。我们经常会先入为主，依据固有的观念、倾向和喜恶等来处理问题。这很正常。但是一定不要用创业机会导航将你的直觉合理化，尽量保持客观，将评估建立在确凿知识之上而非个人观念之上。创业机会导航是你面前的一面镜子，它并不是在反映你带有主观色彩的意见。

多进行讨论

我们在利用创业机会导航提供的框架时，它主要的一个价值就是让你清楚地表达个人的想法和顾虑，并与他人进行讨论。利用它提供的框架和语言与同行、股东讨论你的分析思路。它可以丰富你的观点，帮助你避免任何将你的思路引向错误方向的偏见。

? 常见问题

我们正在开发的技术专门针对一款预想产品。创业机会导航对我们来说有用吗?

当然有用，有些技术或功能比其他的要更具敏捷的替代性。它们可以相对容易地应用于不同的途径和市场领域。但几乎所有技术也都可以与其当前产品脱节，用其独特性来了解其通用功能。创业机会导航会帮助你发现新的创业机会，确保你的企业不会走进死胡同，失去其敏捷性。

对于新创企业来说，要做的事情很多，但时间却很少。那我们为什么要花时间投入在这个过程上?

确实，时间是创业者最稀缺的资源之一。但正因为时间紧张，我们更不应该浪费一分一秒。从长期来看，将时间消耗在排疑解难上可能会毫无意义。对创业机会的选择将是你所做的最难的决策之一，所以，在你选定具体方向前，要充分地、明智地、全面地思考所有备选项，确保这个选择是正确的，否则在你后悔的时候，为时已晚。同时，导航和其他事物一样，也会存在“记忆曲线”。在使用导航的初始阶段，你需要投入大量的时间和精力，但随着你越来越熟悉，投入的就会越来越少。

创业者和投资者共有的观点是新创企业应该采取“高度聚焦”战略，因为他们的资源有限。那新创企业是否适用于敏捷聚焦战略呢?

为了解决这一问题，我们做了全面的调查研究，覆盖了成百上千家企业。研究明确表明，高度聚焦于某一条狭窄道路对于大多数企业来说并不适用。相反，采取更为广泛的方式的企业，也就是有意将其他相关创业机会选项作为备选项的企业，会优于只局限于某一个机会选项的企业，这是因为前者具有敏捷性。高度聚焦的代价是敏捷性，所以，敏捷聚焦战略可以帮助你在聚焦和敏捷之间保持微妙的平衡。

创业机会导航：三步发现最具价值的创业机会

创业机会导航的使用

创业机会导航旨在将复杂的决策制定过程转变为一个清晰并易于处理的任务。

它包括一个主设计面板和三张专项工作表。

导航的主设计面板又包括三部分，这三部分是制定一个明智创业机会战略的关键：

创业机会集合

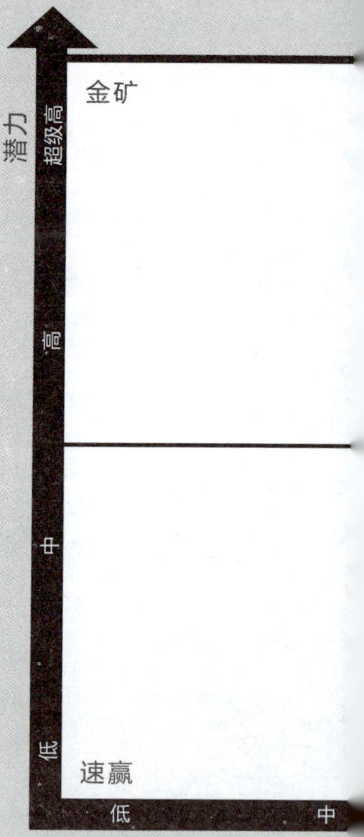

潜力
超级高
高
中
低
金矿
速赢
低
中

吸引力地图

一张便利贴代表你考虑范围内的每个创业机会。将它们展示在导航上，这就是你的创业机会集合、吸引力地图和敏捷聚焦标靶。

你可以使用本书最后提供的空表格。

最高目标

存疑

高　超级高

挑战

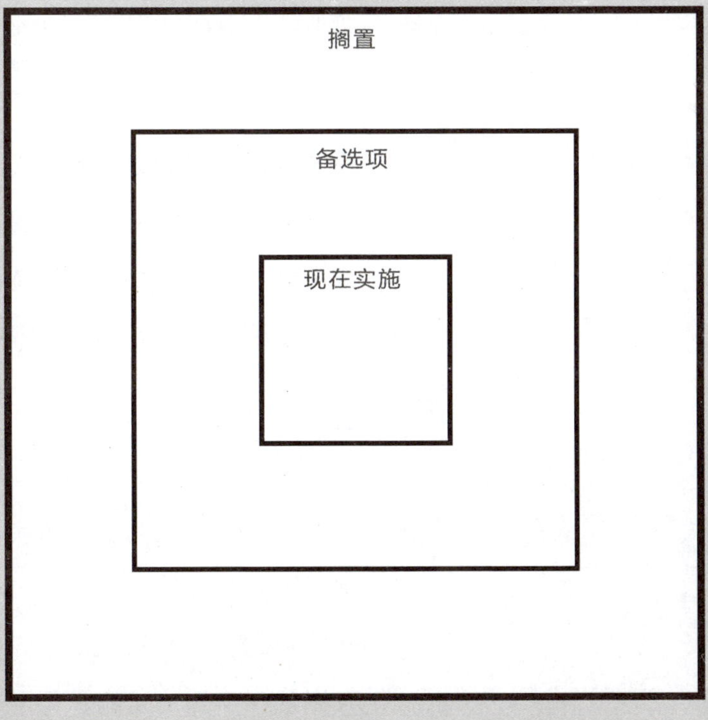

搁置

备选项

现在实施

敏捷聚焦标靶

三张专项工作表可以促进以下三个关键成果的实现：

工作表 1

生成创业机会集合

找到如何描述你的核心能力的方式，要注意这些能力与（预想中的）产品无关；这些能力可以开发成不同的功能，那如何明确这些功能；如何明确需要这些功能的潜在用户。经过这三个问题后，我们就得到了你的创业机会集合。

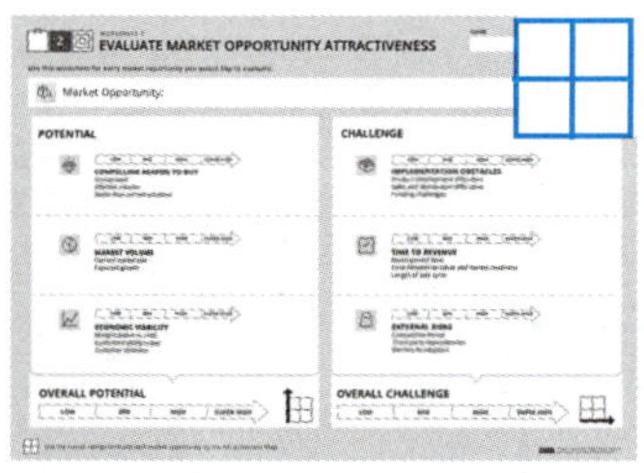

工作表 2

评估创业机会的吸引力

根据机会的潜力和实现其价值的挑战这两个主要维度对每个机会选项进行评级。经过评级后得到的结果会呈现在吸引力地图上。

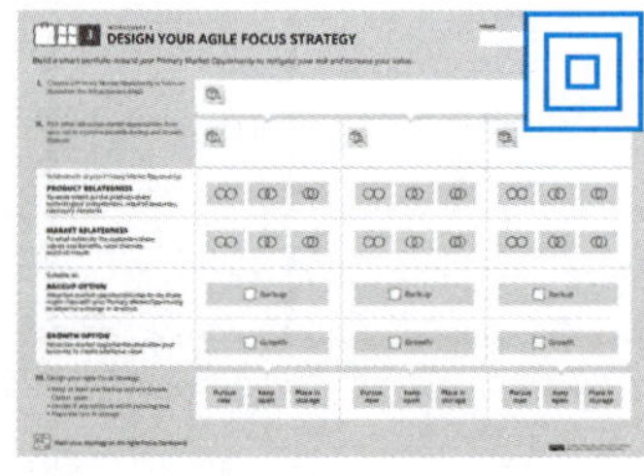

工作表 3

设计你的敏捷聚焦战略

在选定主要的创业机会后，如何对可能的备选项和发展机会选项进行评估？通过判断它们的价值和关联性，你可以识别哪些是可以现在实施的机会、用于备选的机会，以及暂时搁置的机会？得到的战略（敏捷聚焦战略）会呈现在敏捷聚焦标靶上。

完成以上三张专项工作表后，你就到达了最重要的时刻：利用完整的创业机会导航来识别你最具潜力的机会选项。

谨记：导航提供的过程和结果都是非常有价值的。它们可以帮助你反思自己的学习过程、交流自己的想法和确定自己的战略。

现在，你已经做好准备可以深入到创业机会导航内部的工作原理之中了。我们会逐步引导你……好运！

但在我们开始之前，请先认识一下奥格瑞（Augury）的创始人萨尔（Saar）和盖尔（Gal）。

萨尔和盖尔是好朋友，一直想要共同创办一家企业。盖尔是一名软件工程师，2011 年的一天，上级派他去印度检修一台无法正常运行的机器。为此，他要飞到几千英里（1 英里≈1 609 米）外的地方，但当他走进房间的那一刻，他听到了一个清晰的响声，通过这个响声可以判断问题不在于软件，而是机械故障。就在这时候，一个想法突然出现在他的脑海中：我们为什么不开发一种东西，通过“听”机器的噪声来诊断故障呢？

快速进行了调查后显示，开发这种技术虽然困难重重，但是可行。在他们刚开始着手这个项目时，萨尔和盖尔很快意识到“我们周围全是机器”——从复杂的生产线到简单的家用电器。那么，他们如何知道自己应该“听”哪种类型的机器呢？他们应该关注于哪些创业机会呢？

我们已经介绍了创业机会导航的三个步骤，那就让我们和萨尔、盖尔一起完成他们的初始创业机会决策吧！

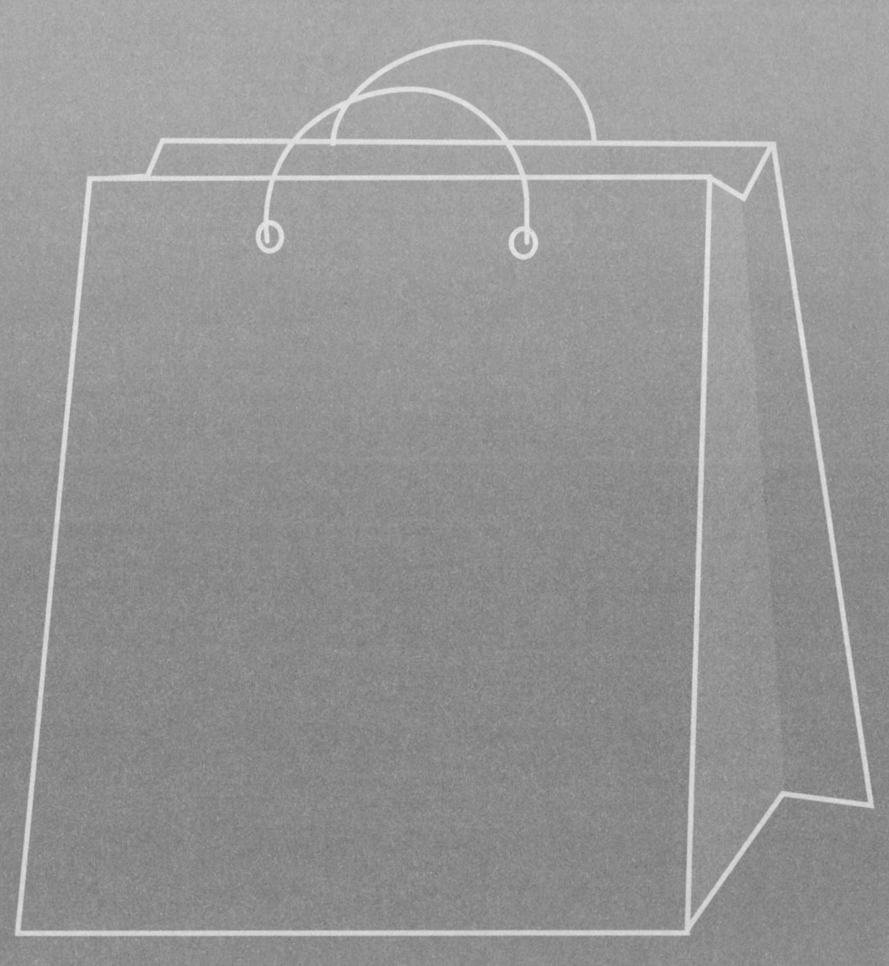

2.1 创业机会集合

你的资源和能力都具有敏捷的替代性，也就是说它们既可以开发出针对某个市场领域的目标用户的产品或服务，也可以开发出不同市场领域的不同目标用户的产品和服务。充分利用它们，可以为你创造很多创业机会。

创业机会

我们将创业机会定义为，将你的资源和能力应用于特定用户群的组合。

找到多个创业机会对你来说很重要，因为创业机会各不相同。有些具有较大的发展潜力，有些则具有较小的竞争力，而有些机会指向的市场是我们应该避免进入的，因为进入这类市场难度大、成本高。因此，找到可开发利用的高潜力创业机会对你来说是真正意义上的优势，它可以为你提供“肥沃的土壤”来发展你的企业，从发明创造中获取最大的价值。不要将时间浪费在劣质的机会上。一定要三思而后行！

同样重要的是，一旦识别了多个创业机会，你手上就形成了一个机会集合，它可以为你的企业提供新发展的可能性，或在必要时帮你转向另一个市场。因此，你可以利用多个创业机会所具有的能量来增强企业的敏捷性和机动性。

创业机会集合是企业的真正资产

在本章中，我们将告诉你如何识别多个创业机会，有些机会更契合你已有的构想，有些则不。工作表 1 会指导你完成这个过程。所得到的结果将会成为你的创业机会集合，在你的前进道路上创造出更多的战略选择，引导你实现商业上的成功。

速成方法

识别潜在的创业机会并非易事。它要求你能够通过询问、观察、试验和社交等方式去了解用户的需求并满足这种需求。[1] 通过以上四种方式，工作表 1 会帮助你找出所有潜在的创业机会。用更敏捷的方式思考自己的资源和能力，不受预想产品的限制，也不管你是否已经具备了这些能力或正要培养这些能力。

最后，这个结构化决策框架会打开你的思路，预想不同的功能以满足不同用户的不同需求。实际上，它可以提高你的认知弹性，这样你对其他具有潜力的机会就会更敏感。

结果和过程同样重要。手里有多个机会选项不仅意味着你有选择权，还可以让你保持敏捷。记住，多个备选项是企业真正的资产，如果你知道如何明智地、充分地利用它们。因此，这一步中主要的速成方法之一就是，你要先抛开长期以来就有的假设（例如，“对我来说，这就是完美市场”），验证你的观点，探索其他有价值的想法。你一定不会后悔这么做。

研究观点

一项针对 80 多家由风险投资支持的技术型新创企业的研究调查了企业在初次进入市场前具有多个创业机会的影响。

在企业创立初期的这个重要阶段，研究结果提供了两个非常具有价值的观点：

第一，多数创业者在创业过程中学到的关键经验就是在决定采用最终创业机会前一定要准备一组可选择的创业机会；

第二，这个研究明确显示，“识别出一组可选的创业机会”可以给创业者带来益处。[2]

1 *The Innovator's DNA*/ Dyer, Gregersen & Christensen (2011)

2 *Look Before You Leap: Market Opportunity Identification in Emerging Technology Firms'*/ Gruber, MacMillan & Thompson (2008)

工作表 1：生成你的创业机会集合

WORKSHEET 1

GENERATE YOUR MARKET OPPORTUNITY SET

NAME

DATE

List the venture's core abilities or technological elements

Characterise them based on their functions and properties. Describe them in a general manner, independent from your (envisioned) product.

ABILITIES

Identify your market opportunities

Which applications can you offer with your core abilities? Which customers may need them? Zoom in to further segment each customer group.

APPLICATIONS

CUSTOMERS

application + customer = market opportunity

Place the market opportunities that you would like to evaluate in the Market Opportunity Set.

工作表 1 将协助你找到一组创业机会。它包括两个简单步骤。

第一，思考企业具备的核心能力或技术要素，不考虑它们在具体产品中的应用。列出这些要素能够实现的内容（功能）及它们的主要特征。

第二，找出这些技术要素能够实现的不同功能，不管是用不同方式对其进行组合还是加入新技术。除此之外，思考需要这些功能的目标用户群。你还可以进一步细分这些用户，以识别更多机会。

下个步骤将对识别的创业机会集合进行评估。

1

工作表1：
生成你的创业机会集合

列出企业的核心能力或技术要素。

根据它们的功能和特性描述其特点。抛开你（预想的）产品，对核心能力或技术要素进行概括描述。

能力

识别你的创业机会

你的核心能力可以实现哪些功能？

哪些用户群需要这些功能？放大每个用户群，对其进一步细分。

功能

用户

功能 + 用户 = 创业机会

企业名称

日期

将你想要评估的创业机会写入创业机会集合中。

步骤 1：核心能力和技术

在整个过程的初始阶段，你需要详细了解自己具备的核心能力和技术（如果你开发了多种技术，也要全部了解）。

你具备的核心能力是识别创业机会的基础，这一点对于了解它们能够做什么，也就是具备什么特征、能够实现什么功能，非常重要。

> **当提到能力和技术时，我们指的是你目前拥有的所有资源和才能，以及你正在开发或计划开发的资源和才能。**

将核心能力独立出来，并且利用相应的背景！

想要充分了解你能够利用自身的核心能力做什么，那你需要单独把它们拿出来考虑。用更通用的方式想象它们，也就是说，将它们从你原预想的具体产品或用户需求中抽离出来。

在工作表 1 的上半部分，你了解了哪些关键要素以组合的形式构成了你的核心能力和技术。例如，核心能力可以是你或你的企业对某一具体过程所掌握的重要的专门技术、一种你已经开发的稀缺资源或一项特殊技能（如生产制造）。根据不同技术的独特功能（如模式识别）或根据不同技术的结构设计（如纳米相机），它们可以“分解”成多个核心要素。

通常，从这些技术和能力要素的性质来看，有些是通用的，而有些则更有针对性。例如，它们的存在是因为你预想的具体产品需要某一特定功能。**我们强烈建议你用最通用的方式思考并描述技术和能力要素，因为它们将是组成不同功能的基础！**

在了解了核心技术和能力要素后，你要简要地描述它们的主要特征和能够实现的功能。在寻找新的创业机会时，这些描述将会是你的重要工具。

奥格瑞开发的技术是利用一台名为“奥格瑞探测镜”的硬件设备记录超声波和振动。其工作原理是，利用算法将所需检测的机器的记录与同一台机器以前的记录及企业服务器上搁置的其他类似机器的记录进行对比分析。然后它们会将“诊断结果”和“治疗建议”输送给用户。精心设计的用户界面可以让用户利用移动设备和网络来操作系统并根据需要制定分析报告。

先不考虑它们可以“听”的机器类型及其目标用户，奥格瑞创始人萨尔和盖尔可以将以上的核心技术要素概括为：

1. 他们拥有一个硬件设备，用以记录某个机器的“噪声”。这个硬件包括振动传感器和超声波传感器，体积小、易携带，并且采样速度快。

2. 奥格瑞将开发诊断平台的“大脑”——算法，可以在数秒内检测一台机器运行是否正常。这个算法能够对比类似机器的新数据和现有数据，以实时检测任何变化。机器的“噪声”将被记录和保存在企业的服务器上，所以算法有大数据作为支撑。采用机器学习的方式，这个算法会变得更强大、更智能，同时，随着它积累了越来越多的信息，还可以创建“故障字典”。

3. 奥格瑞团队将开发一种使用便捷的用户界面系统。这个系统允许用户在任何移动设备上操作系统，通过移动设备和网络平台管理和定制“诊断结果”。

在工作表 1 的前半部分中，按以下方式列出这三种技术要素并描述其特点。

硬件设备	算法	用户界面
记录振动和超声波	检测变化	简单、直观
体积小	实时分析	适用于苹果和安卓系统
便于携带、耐用	适用于大数据	按需定制报告和数据
采样速度快	以机器学习为基础	在线管理平台
	创建故障字典	

然而，独特能力不仅仅是技术上的，Biotia 就是一个很好的例子。Biotia 是一家在纽约新成立的企业，该企业创始人尼娅芙（Niamh）是基因学方面的博士。尼娅芙掌握着这个领域的多项专门技术，包括设计有效实验、对复杂自然环境进行采样及利用 DNA 二代测序技术监测所有类型的病原体等。她决定创办一家企业，旨在利用基因学的强大功能制定各种环境监测方案。Biotia 在工作表 1 的前半部分的体现如下：

采样能力	设计实验	病原体监测
复杂的自然环境	了解整个实验过程	所有类型的病原体
覆盖面广		实时分析
分布不均匀		大数据集
		二代测序模型

这个步骤非常关键，不仅因为它能帮助你了解自己具备的独特技术和能力，还能帮助你形成弹性认知——一种培养从多个角度看问题的心智能力。

具备以上两点后，你会更容易找到针对核心技术和能力的潜在功能，不管自身具备的核心技术和能力是作为一个整体还是独立个体，从而打开思路，让你不局限于（预想）产品的一个小功能。这一点意义非凡，因为潜在特征或功能可能对其他应用和市场来说具有极大价值。

以 Flickr（一个照片分享网站）为例。这个著名的照片分享网站于 2002 年开始运行（由加拿大企业 Ludicorp 开发），当时是为了满足一款大型线上游戏的需要而研发的，具有短消息实时互动的功能。这款游戏的一个卖点就是有一个能够分享照片的聊天室，随着聊天室的上线，它的价值很快就显现出来，其受欢迎程度甚至超过了游戏本身，企业不得不搁置了这款游戏，全力开发新的照片分享社区网站。[1]

从初始阶段就应独立审视核心能力或技术的“特征”，体现这一点的重要性的另一个例子是医学视觉成像公司（Medic Vision Imaging Solutions）。这家新创企业的目标是为脑部扫描（CTs）开发一款计算机辅助诊断工具，协助放射科医生完成复杂的工作。这款产品必须开发的一个技术是“降噪”，在自动分析之前提高 CT 的质量。在很长一段时间后他们突然意识到，这个技术本身就非常具有价值，因为它可以用较少的放射线剂量得到高质量的 CT 图像。了解这一信息后，他们调整了战略，准备开发安全 CT（SafeCT），一种用于低剂量 CT 成像的附加迭代图像重建技术。医学视觉成像公司这次的战略转型虽然获得了成功，道路却异常艰辛，企业不得不放弃已经进行多年的研发，寻找新的投资者，甚至要调整高层管理团队。但针对企业的核心技术和创业机会进行的结构性分析让他们顺利度过了这场痛苦的转型，至少在企业建立过程中起了一定作用，减轻转变带来的痛楚。

1 To find out more take a look at: *Founders at Work*/ Jessica Livingston (2008)

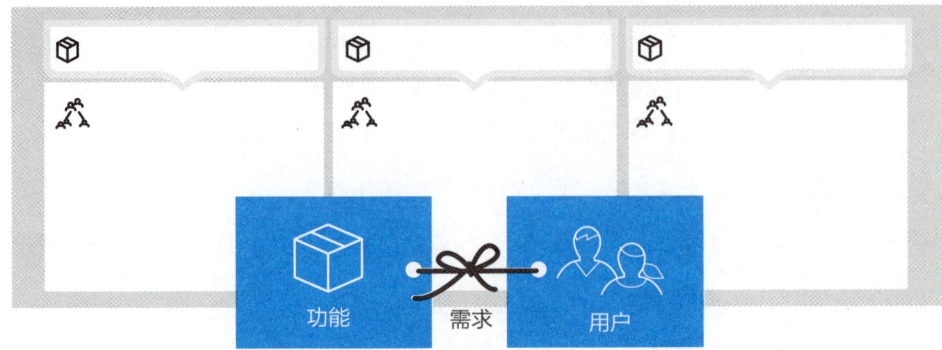

步骤 2：功能和用户：发现新的创业机会

发现新的创业机会是生成创业机会集合的基础。**创业机会指任何功能和用户的组合。**

所以，在发现的过程中，你要从两个方面去考虑：潜在的功能和潜在的用户。连接这两个方面的纽带是“需求”：功能旨在解决特定用户的特定需求。

开拓创新，拓展思路

工作表 1 的后半部分的重点是上述的发现过程。

对于一些企业来说，这可能是较容易的任务，但对其他企业来说，这就是一项重大挑战。挑战不仅指发现新的功能和用户，而且要放弃某些长期持有的观点（例如，“这对我来说就是完美的市场”），探索新事物。不尝试你永远不会知道结果！

秉持开放态度，无界限思考，展现你的创造力——要用轻松的方式做到这些。跳出惯性思维，你寻找的创业机会事实上可能会和预想的相差很远。重要的是，在你的发现过程中，找出各种新的创业机会。

> 慢慢来，
> 对你的企业或创新项目来说，这是非常重要的一步！

贝宝企业（PayPal）的联合创始人麦克斯·拉夫琴（Max Levchin）在 *Founders at Work* 一书中讲述了创业初期的故事，这一事例强调了在潜在的功能和潜在的用户上拓展思路的重要性。

创始人最初想要开发一款代码库，用户通过它可以在便携式设备上保护所有数据。但这个独特性仍需找到其“绝杀”功能，正如麦克斯所说：“然后我们开始带着问题进行试验——我们要在这款掌上电脑（PalmPilot）里存储什么信息才对用户有实际意义呢？”他们考虑过面向企业的功能（用于保护数据）和面向用户的功能（如存储密码），直到“我们迸发出了‘为什么不直接在这便携设备上存钱’的想法”。

贝宝的创始人在为预想的通用功能（在便携式设备上保护数据）寻找潜在用户上投入了大量精力。但他们没有意识到，还可以利用他们的独特能力在网络上保护数据——这一点可能带来其他有潜力的机会。事实上，他们过于聚焦在便携式设备上了，没有注意用户实际上需要的是网络应用。后来，很多来自易趣网的用户开始联系他们并提出：“我可以在易趣网拍卖时放上你们企业的标识吗？”然后他们的反应就是：“为什么？”于是，创始人告诉易趣网的用户：“不，不要这么做。”那段时间创始人一直全力反抗，使懊恼的易趣网用户觉得：“走开，我们不需要你。”但最后他们也终于意识到这些人是想要成为他们的用户。他们开始有所醒悟，在接下来的十二个月里，创始人反复研究这款产品的迭代版本，也就是现在的贝宝。虽然贝宝最初的想法是僵化的，但它能够及时进行调整，最终取得了巨大的成功！[1]

在识别机会中遇到的挑战

对于某些技术来说，它们更容易找到对应的、大范围的各种市场组合。以纳米 AF（NanoAF）企业为例，这是一家研发防细菌黏附的新型涂层的新创企业。这种涂层可以应用到所有材质的表面（如玻璃、钛合金、金属和聚合物等）。事实证明，这项技术适用于多个领域，包括水处理、医疗器械、海洋防污涂层、食品包装和空气质量控制等。因为纳米 AF 企业从最开始就具有通用能力，所以识别多种对应的市场领域很容易。

1　To find out more take a look at: *Founders at Work*/ Jessica Livingston (2008)

但是，即使你开发一种关联性较强（有针对性）的技术，你仍然可以大范围地找出多种机会选项组合。Inka Robotics 就是一个典型例子。这家新创企业开发了一款由计算机视觉技术控制的自动文身机器人，旨在利用这项革新性技术的低价、安全和卫生来改变文身世界。企业在扩大范围搜索新创业机会时发现，这款机器人还可以用到不同的医学应用上及数控机床（CNC）上。

利用以下经过验证的技巧来提高你的发现技能！

潜在功能

一旦列出了核心能力和技术要素，你就应该开始用创造性思维思考它们，可以尝试用不同的方式对它们进行重组，以识别潜在功能。功能就是指用你的核心技术和能力开发出来的具体用法或效用。你可以根据工作表 1 的前半部分的一些或全部关键要素寻找潜在功能。

以谷歌眼镜为例，它是由谷歌 X 实验室（Google X Labs）开发的智能眼镜。这款可穿戴设备有几个独特的技术要素，包括 eye-tap 技术（捕捉进入穿戴者眼睛的光线，然后用计算机合成的光代替一部分真实的光）、语音控制、智能棱镜投影仪和增强现实技术。

2012 年这款设备刚上市就成了穿戴式技术突发热潮的催化剂，但在 2015 年初期，谷歌正式停止了眼镜项目并从市场撤回了全部产品，其中一个主要原因就是这款产品在面向消费者时没有一个明确的目的。但实际上，除了消费者以外，谷歌眼镜的独特技术还可以适用于很多不同的领域，如医学、教育或媒体等。

注意，你可以从两个角度去描述某个产品的功能，一是不考虑具体的用户（如“环境监测”），二是考虑已有的具体用户和广泛的市场领域（如“医疗设备”）。

将你的技术与其他技术相结合

当确定了新产品的功能时，另一种激发你想象力的方式就是考虑将你的技术和其他技术相结合，以此增加新的功能，提高你的技术对新用户群体的吸引力。

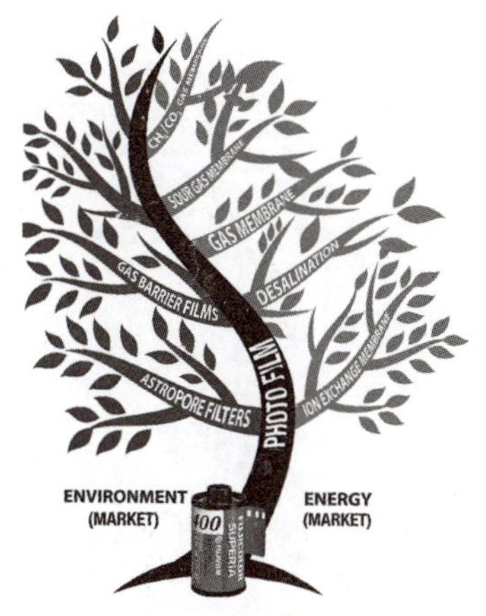

这种方式的一个典型例子就是富士胶片集团（Fujifilm）。起初，富士胶片集团将照相胶片生产带到了日本，在此业务上发展壮大起来。几十年来，富士胶片集团一直在研发所有与照相胶片相关的技术，从原材料到生产过程再到系统，所以，它在很多新型材料和技术上都是行家，如涂层、膜状物和有机化合物等。通过将这些能力和新开发的技术结合起来，富士胶片集团研发了一款应用范围极广的独特材料，可以用到海水淡化、气膜（gas membranes）和微过滤芯（AstroPore filters）上。富士胶片集团的网站呈现了如左图所示的树状结构，强调了核心技术是如何用来创造不同领域的不同产品的，其广泛程度远远超过原有市场。

潜在用户

产品功能的设计目的是要满足用户的特定需求。因此，当发现潜在功能时，你就应该同时考虑哪类群体会需要这类功能。这就产生了你的潜在用户群。

广泛思考哪类群体可能会需要你所研发的功能。例如，环境监测的使用对象可能是医院、托儿所和食品制造商等。利用工作表 1 的后半部分列出你的潜在功能和用户，这有助于发现新的创业机会。

下图是以奥格瑞为例绘制出的关系图：

奥格瑞的技术可以用于商业机器、家用电器和医疗方面的预测性维修。每种功能都指向了较大的市场空间。

接下来，对于用户部分，每种功能都对应了不同的细分市场。例如，商业机器所包含的用户群有工厂、商业建筑和货运企业。

每个用户群都需要进行进一步细分，以使用户群体最大限度的同质化。例如，盖尔和萨尔对商业建筑领域进行了“放大”，他们了解自己的业务可以涵盖电梯、供热通风与空气调节系统（HVAC）的维修。

潜在用户的放大与缩小

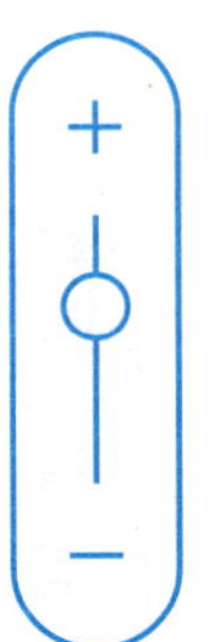

在很多情况下，发现过程的第一步就是为某一功能识别目标用户群。放大潜在用户群，识别子用户群（例如，奥格瑞团队进一步调查研究后发现，商业建筑 HVAC 系统市场可以另外划分到服务供应商或建筑管理企业的目标市场之中），或者缩小范围，以识别更多的用户群，打开思路，找到其他细分市场（例如，缩小商业建筑市场，可以发现面向住宅建筑的维修创业机会）。

以 ForNova 企业（成立于 2008 年，主营网络扫描技术和连接解决方案）为例，详细了解目标用户锁定中的放大过程。这家新创企业开发了视觉扫描软件，软件可以模仿人类行为，“读取”类似于价格、图像、描述和评级等内容。通过这种方式，它可以收集在线数据而不受代码、语言或布局的影响。

在工作表 1 中，用户树状图的开始阶段需了解它们的服务对象是消费者（B2C）还是企业（B2B）。放大 B2B 领域，它们可以服务电子商务企业或分类网站；在分类网站里，它们可以关注旅游市场或零售市场，放大后显示旅游市场又可以细分为酒店和航空。总之，这个放大过程可以帮助你识别更为广泛的潜在用户，了解如何对其进行分组。

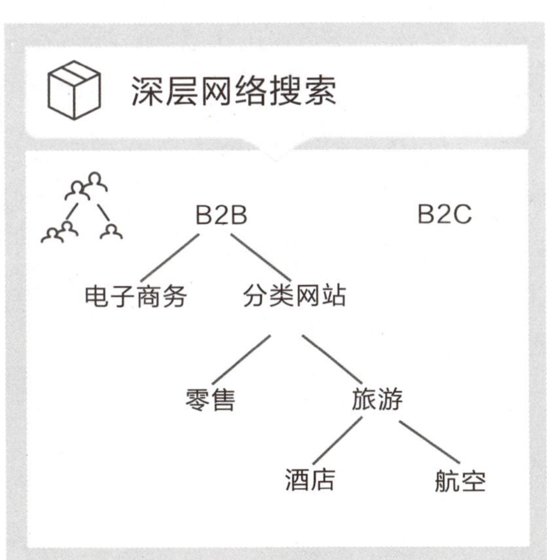

各洲和各国家

“放大”鼓励你将广泛的市场领域细分为更具体的用户群，因此会产生很多不同的分析层级。

你还可以把这个过程看作创业机会识别中的“各大洲与各国家”问题。在这里，大洲指的是广泛的市场领域，每个洲里都有很多国家（或细分市场）。为了得到一致的创业机会集合，你需要得到相同层级下的机会。否则，很难对比不同的市场组合。

在 ForNova 企业的例子中，你可以把电子商务市场领域与分类网站的评估看作“大洲”层面的分析，而零售和旅游则是洲内的各个“国家”。当然，我们还可以对比位于不同大洲的不同“国家”，但是如果将国家和洲进行对比就毫无意义可言了，因为它们代表的是不同层级的分析。

这个过程的目标是在评估（创业机会导航中的下一步）过程中得到适合你的层级。这个层级的范围并不是越广泛越好，因为过于广泛，你会很难真正去对比不同的创业机会。事实上，在范围适度的市场领域里，会存在一些细分市场可以为你提供更有利的发展空间。同样，过于狭窄也无益，因为你想要的创业机会是可以对应同系列用户群的，用户的数量要足够充裕才能保障你的付出有所收获。

回到奥格瑞……

奥格瑞的例子说明，在有些情况下，应首先进行大洲间的比较，即使它们覆盖了很多国家。盖尔和萨尔对此深有体会，他们发现这款诊断技术不仅适用于工业机器，还适用于人类身体——类似于复杂的机器！关于奥格瑞的诊断对象应该是机器还是人类身体的决策属于大洲层面上的分析，也是一个非常关键的初始问题，因为涉及大量投资、独特的专门技术及所属领域所要求具备的信誉等问题，所以一旦做出决策，就很难在市场领域间切换了。

为了完成这个重大决策，盖尔和萨尔首先需要了解每个洲内不同的潜在细分市场，评估每个洲内的整体潜力和挑战（将在下一章进行详细讲解）。总之，他们发现自己企业提供的服务在机器维修方面可能会产生颠覆性的影响（因为他们准备进入的市场一直以来就缺少预测性维修的能力），而在医学领域里已经有很多大企业准备尝试提供预测性医疗保健产品。另外，政府对医疗设备有着严格的管制，因此，总体来说，工业、机器领域潜力大、挑战小。

所以，奥格瑞的创始人选择聚焦于工业、机器领域的预测性维修，搁置了医疗市场。

小结：发现过程极其重要。以开放的态度尽可能多样化地发现创业机会！每个创业机会集合里有三至五个创业机会为佳。我们合作过的新创企业在进行第一轮筛选前识别的创业机会有的高达五十多个。所以，不要过早放弃。

增强你的发现技能

在过去的 15 年里，我们认识了很多创业者和创新者，同时也做了大量的调查研究，探索他们能够敏锐洞察创业机会发展前景的秘诀。[1] 利用以下策略，增强你的发现技能。

利用你的知识

我们在寻找创业机会的过程中，一般会利用与用户问题相关的已有知识。这很简单：你最容易看到与已有知识相关的机会！但一般情况下，你只用到部分知识……所以，不要急，慢慢来，试着回忆所有跟你打过交道的人（或企业），他们正面临什么问题，而你的技术所衍生出来的功能又能解决哪些问题。不要让自己绷得太紧……感觉到用户的某一潜在问题对于系统性的调研来说是个不错的开端。

利用外部资源

因为我们更倾向于看到与自身已有知识相关的创业机会，所以，我们往往会忽视其他的创业机会，而提高创业机会预见能力的一个直接方式就是利用其他人扩大搜索范围。例如，“其他人”可以是团队的其他成员或来自其他行业的朋友，也可以利用网络中的某些众筹平台。除了采用的方式外，你一定要准确描述技术的各项功能，并且不要用术语，这样，其他人才能够理解你所描述的。

利用行业和市场列表

为了系统地快速提升你的创造力，或仅仅是帮助你记忆，你可以参考现有的行业和市场列表。一般情况下，它们是按照一定评估维度依顺序排列的，所以你能很容易地放大和缩小各个领域。考虑你的技术是否适用于所选领域里的用户。

利用专利检索

只要有关，你就可以检索与你计划开发的技术联系紧密或构成其基础的专利。通过这种方式，你大概可以了解类似技术已应用在哪些行业或哪些企业。

1 To find out more take a look at: *Escaping the Prior Knowledge Corridor: What Shapes the Number and Variety of Market Opportunities Identified Before Market Entry of Technology Start-ups?*/ Gruber, MacMillan & Thompson (2012)

备选项的初次筛选

一旦你发现了多个机会选项，你可能就会想要进行一定的研究，对这些机会选项做初步筛选，除去潜力不足或有致命缺点的机会选项。事实上，在这个阶段里，有“无用项”存在很正常，这说明你搜索的范围广且大胆尝试新想法，有些机会选项可能只是看起来作用不大。

初始筛选时，你应注意的关键问题是：

- □ 用户的需求是否存在?
- □ 我们是否真的能够利用独特能力满足用户的需求，并且优于现有的解决方案?
- □ 是否存在严格的制约因素影响我们实施这个创业机会?
- □ 这个机会是否和我们的核心价值观冲突?

在完成初步筛选后，你可能会想要重新进行一轮市场发现，或者，你对筛选结果很满意（例如，你已经在机会组合中找到具有潜力的机会），那你已经得到了第一个关键结果!

结果——你的创业机会集合

到目前为止，你已经可以在导航的主要设计面板上描述你的创业机会集合了。确保你能够清晰地命名每个创业机会。

用便利贴代表组合中的每个创业机会，将它们贴在指定区域。

记住，对你来说，这些都有可能成为极具价值和发展潜力的机会。

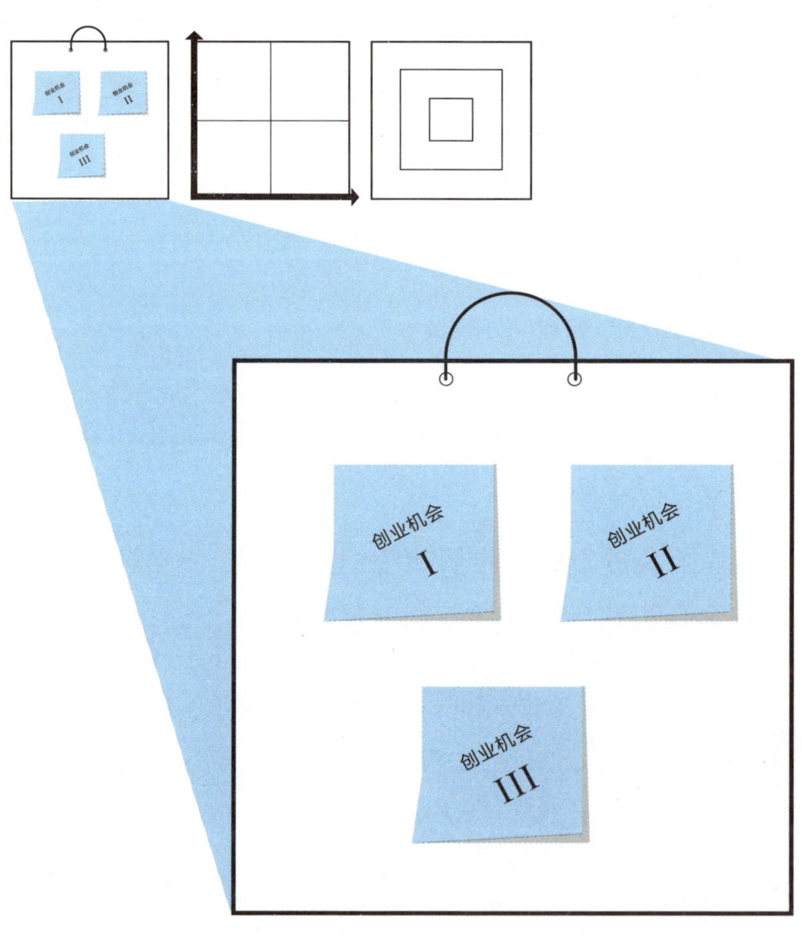

开始识别奥格瑞的创业机会集合

奥格瑞的团队找到了很多具有潜力的创业机会。经过粗略的初始筛选后，他们决定深入挖掘五个最吸引他们的市场：商业建筑的 HVAC 系统、生产机器、制冷箱、汽车和白色家电的制造商。

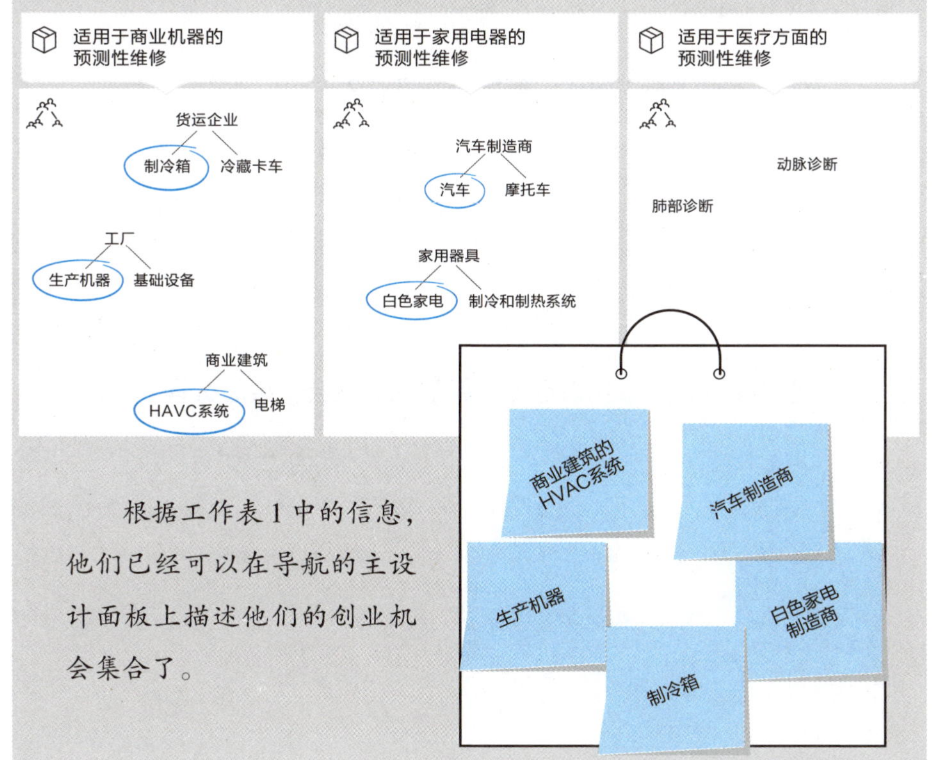

根据工作表 1 中的信息，他们已经可以在导航的主设计面板上描述他们的创业机会集合了。

记住，这是一个动态过程。如果新的机会引起了你的注意，你可以随时在组合中加入这个机会；如果有些机会失去了其价值，那你也可以放弃这些机会选项。

? 常见问题

在寻找不同的创业机会时，为什么有些技术会面临更大的困难?

我们的研究表明，那些更抽象、已经严格设定了具体的应用场景的技术，与那些处理人类感官问题、设定的具体应用场景也不严格的技术相比，更难与其设定的应用场景“解绑”，也很难独立去了解这项技术。那么，前一类技术就要求我们投入更多的精力去识别其创业机会，而且必须具备过硬的技术专业知识。[1]

我应该什么时候停止搜索，开始进行评估?

你可以一直保持搜索状态，不断发现新的创业机会。但在某些时候，你需要停止，因为你的最终目标是将发明创新商业化。我们的研究表明，搜索的“回报”也在逐渐减少，这意味着，过一段时间你就会发现你的主要创业机会。争取三到五个创业机会！

在进行过程中，如果我识别出了新的创业机会，会怎么样?

这种情况很常见，这个过程中会有新的用户接触你，了解你的技术，或者仅仅是你有了新想法。当这样的情况发生时，将新发现的创业机会放到创业机会集合中，但这种做法仅限于初始筛选结束后的短时间内！然后，你可以对其进行评估，重新考虑你的敏捷聚焦战略。以上内容我们将在下一章详细介绍。

1 To find out more take a look at: *The Micro-Foundations of Technology Leveraging Across Markets*/ Gruber & Thiel (working paper)

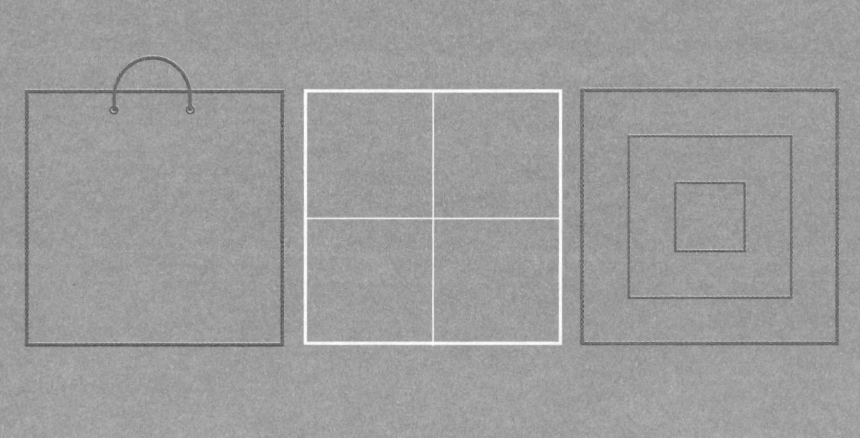

金矿
最高目标
速赢
存疑

2.2 吸引力地图

对于你的企业来说，潜在创业机会集合是一项宝贵的资产。然而就像生活一样，当你必须做出选择时，它们就会让你身处两难的境地：哪个选项是主要机会选项，是你全力以赴要抓住的机会？哪些选项是你暂时要搁置的？

要做出这个重要决策，首先要评估你的可选项，因为这些机会有不同的吸引力。这就是本阶段的主要内容：一个富有吸引力的创业机会很可能具有巨大的**潜力**，为你创造价值，并且在实现此价值的过程中你会面对相对较小的**挑战**！

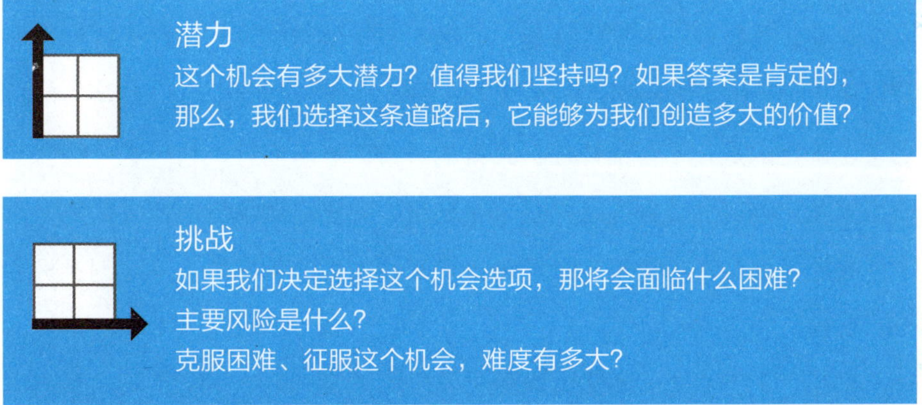

在本章中，我们将会讲述如何利用工作表 2 评估创业机会所具有的**潜力**和**挑战**。

根据这两个方面完成对创业机会的评估后，你就可以把它放在**吸引力地图**上了。这张地图就是你的向导，引导你了解每个机会和整个机会组合的性质。然后，吸引力地图会帮助你更好地权衡、对比现有机会，找出最具吸引力的机会选项。吸引力地图最终会成为你的工具，让你合理地选择主要创业机会。这个选择综合了最关键的数据要点，并非单靠直觉（直觉往往会受自身偏见的影响）。

另外，吸引力地图是一项动态工具，帮助你考虑任何可利用的新信息——你可以轻松地更新与创业机会有关的潜力或挑战，必要时，重新规划你的机会选项或增加新的机会选项。

速成方法

工作表 2 会指导你如何对创业机会集合进行评估。

这项任务的最终结果就是对你的所有机会选项进行评级，这一结果对于想要明智选择创业机会的创业者来说具有很大价值。而且，这个过程本身就很有意义。

首先，这是一个学习的过程。在做出重大决策前，利用这个过程，你可以提出相关的重要问题。即使你不确定如何对不同的指标参数进行评级，但可以确定的是，不会漏掉任何关键的考虑因素。而且，利用这个综合列表可以找出哪些主要假设还需进一步验证，哪些行动项目适合去实施。这个过程还能够帮助你了解应该经常接触哪种类型的信息源，以对创业机会进行监控。

其次，工作表 2 为团队讨论提供了坚实的基础——不管是与同事的讨论还是与受众的讨论。这些讨论能够从新的视角深化你的理解，能够让你更全面地了解所有备选项，掌握每个创业机会的优缺点。

最后，由工作表 2 得出的吸引力地图可以呈现总体情况，从鸟瞰的角度更深入地了解备选项的相对评估。深入细节的同时着眼大局是明智决策的关键。

这是个学习过程

在创业创新过程中，你对每个机会选项所进行的评估是最重要的学习过程之一。在决定你的企业进入哪个（些）市场之前，充分地研究和学习，获取所有的知识。

简而言之，要保持持续学习的思维模式。

系统化

评估过程的结构可以确保你考虑所有关键问题。它可以帮助你保持过程的连续性，这样你就可以根据同样的考虑因素对比所有备选项。

变假设为知识

学习过程一般以你对待评估的机会所持有的假设或个人信念开始。然而，一个有效的评估不应该建立在个人信念的基础上：在进行评估时，试着将关键假设变成知识。首先进行资料调研，然后“走出办公室”，与用户和市场专家进行沟通。如果可以，就像 *Design Thinking* 和 *The Lean Startup* 一样，与用户进行一些小试验。[1]

习惯不确定性

将创新带到市场的过程充满了不确定性，因此，你的评估一定有局限性。尽管你想要尽可能地系统、深入，但预知未来的“水晶球”是不存在的：“已知—未知”“未知—未知”都会对评级的有效性产生影响。不要让不确定性成为评估过程中的绊脚石。在制定决策前，全力收集、验证最关键的信息。同样重要的是，新数据出现时，一定要及时更新你的评估结果。这就是为什么创业机会导航旨在成为你创新过程中的“伙伴”——一个识别正确方向的动态工具！

1　To find out more take a look at: *The Lean Startup*/ Eric Ries (2011); The Four Steps to the Epiphany/ Steve Blank (2005); *Design Thinking*/ Thomas Lockwood (2009)

在开始评估前

充分准备有助于成功。所以，在根据潜力和挑战对所有选项进行评估前，你需要完成一系列的准备工作。学习并了解：①目标用户的世界；②市场环境；③执行过程中的重要事件。

了解目标用户的世界

“如果你想精通钓鱼，那就应该学会像鱼一样思考。”站在用户的角度考虑问题是了解创业机会本质的关键。你可以给用户带来的价值主张是什么？你想要解决用户的哪些困扰？你的解决方案为什么会优于现有的方案？用户价值会给他们带来哪些影响？哪些重要趋势又会对他们产生影响？只有清楚了解了这些问题，你所进行的评估才能发挥其最大价值。[1]

了解市场环境

你并不是自己一个人在竞争。因为其他竞争者可能会影响你的成功率，所以，你需要详细了解你的“竞技场”。想要评估一个创业机会，你需要了解市场的**价值链**（一系列企业或竞争者合力满足既定产品的市场需求）。你适合哪类市场？谁会成为你的阻碍？谁有与你合作的动机？事实上，创新想法一般会打断现有的价值链，并彻底改变它们（如苹果的 iTunes），所以全面了解相关竞争者是非常关键的。

另外，你还需要了解在这个市场中你的**竞争者**：他们提供什么？他们如何反应？与他们相比，你是否具有较强的（或者“不公平的”）竞争优势？[2]

了解执行过程中的重要事件

你还需要了解自身具备的资源和能力：你已经有什么及仍需发展什么才能将创造出的产品推向市场？思考你已经具备的核心技术、人力资源、知识产权、盟友、合伙人、资金等。

1 *Value Proposition Design*/ Osterwalder, Pigneur, Bernarda & Smith (2014)

2 *Competitive Advantage*/ Michael Porter (1985)

奥格瑞的学习过程

萨尔和盖尔详细研究了他们的创业机会。他们明确知道这个初始决策的重要性，尽可能收集所有关键信息以做出正确选择。

他们严格遵守了精益创业方式的所有关键要素，在五个创业机会上逐一测试了他们的假设。萨尔和盖尔进行了访谈，展示了实体模型，做了问卷调查，参加了几个会议，目的就是了解每个机会选项的用户世界和市场环境。慢慢地，他们掌握了每个市场的生态系统和价值链，深入了解了他们能够为每类用户提供的价值主张。

他们记录并更新了每个市场的相关知识，找出为验证市场所要进行的下一步行动。这个学习过程加上系统性的评估标准，正如工作表 2 提供的，能够使他们从直觉决策上升到理智决策。

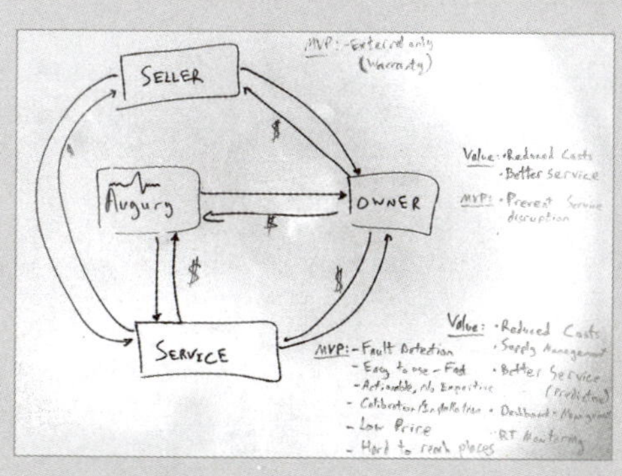

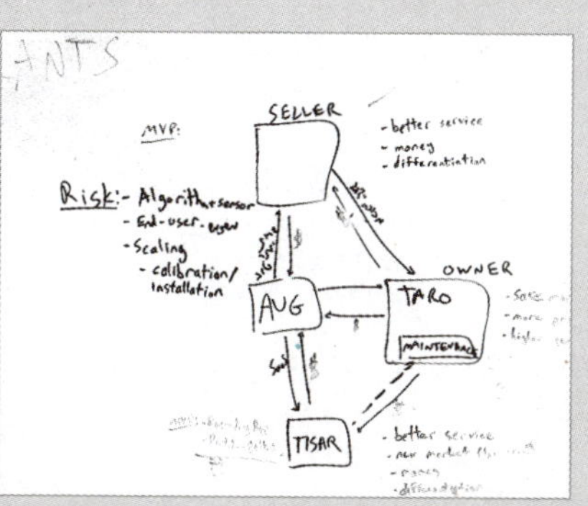

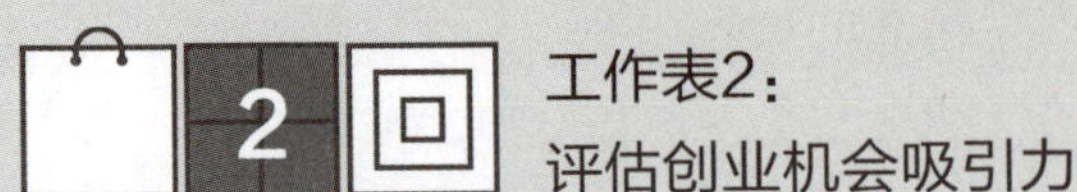

工作表2：评估创业机会吸引力

利用本工作表对每个创业机会进行评估。

创业机会

潜力

低 中 高 超级高

购买的必然理由
未被满足的需求
高效的解决方案
优于现有的解决方案

低 中 高 超级高

市场容量
当前的市场规模
预期增长

低 中 高 超级高

经济可行性
利润（价值和成本）
用户的购买力
用户黏性

综合潜力

低 中 高 超级高

y

根据综合等级将每个创业机会贴到吸引力地图的相应位置。

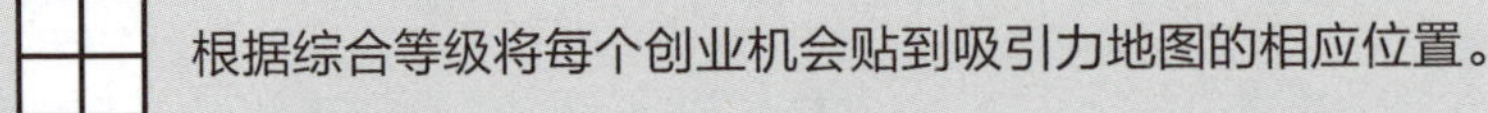

企业名称

日期

挑战
低
中
高
超级高
实施障碍
产品开发的难度
销售和分销的难度
筹集资金的挑战性
低
中
高
超级高
获利周期
开发时长
产品准备就绪和市场准备就绪之间的时长
销售周期
低
中
高
超级高
外部风险
竞争威胁
第三方依赖性
产品接受障碍
综合挑战
低
中
高
超级高
x

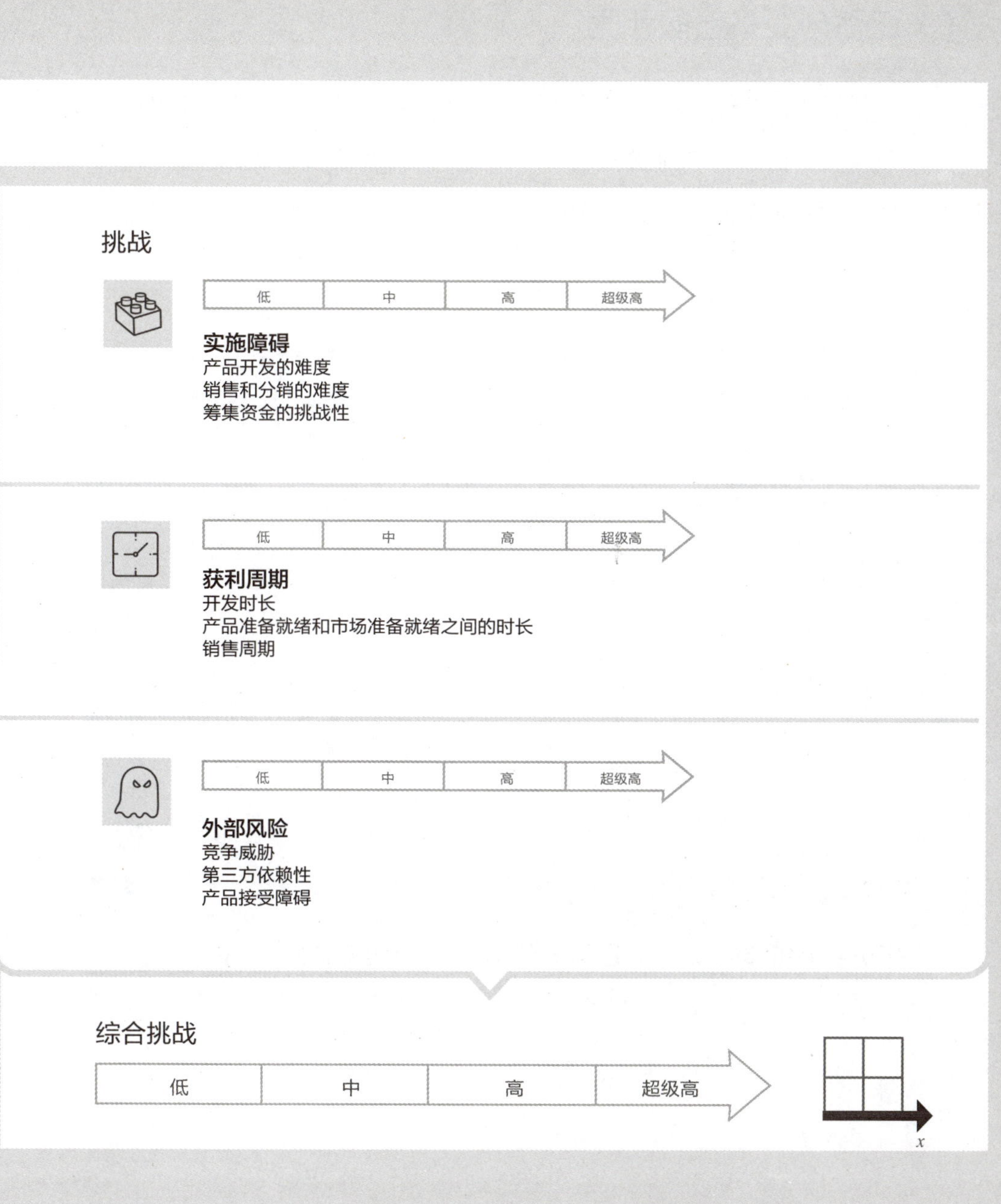

工作表 2

评估创业机会吸引力

工作表 2 帮助你从两个方面对每个创业机会进行评估：**潜力**和**挑战**。

每个方面由三个不同因素组成，我们要对每个因素进行独立评级，然后综合得出每个创业机会的最终等级。根据最终等级，将每个创业机会贴到吸引力地图的相应位置。

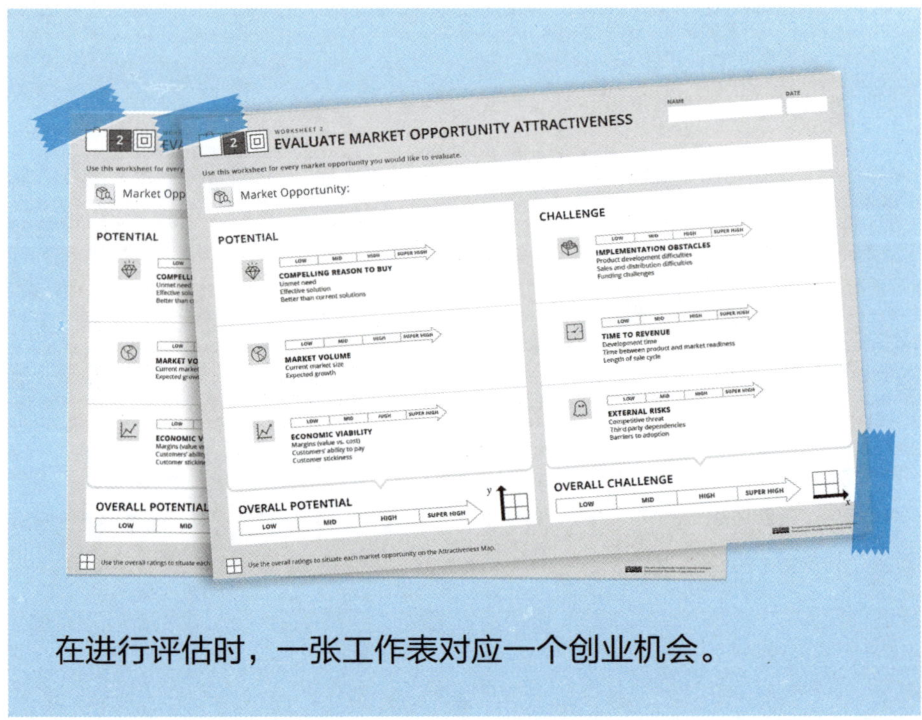

在进行评估时，一张工作表对应一个创业机会。

如何进行评级

如果单个创业机会的综合等级可以通过将六个因素的等级代入数学公式得出，那应该是最简单的，但这种机械式的方法并不能简化决策的复杂性。

相反，在判断创业机会的吸引力时我们会对关键要素进行评估，这些因素就可以让我们对上述关键要素有一个全面的了解。对于创业机会的潜力或挑战涉及的每个因素，以下内容会为你提供一个问题清单，引导你完成评估过程。深入思考这些问题，尽可能收集所有信息，在“低到超级高”的范围内对每个因素进行评级。结合量化和质化的考虑，最大限度地做到客观公平。团队讨论对于这一步来说有很大帮助！

记住，我们的总体目标是了解每个创业机会的主要优缺点，所以，如果你评估的等级并不是百分之百准确，也不要有挫败感！随着深入了解或相对了解每个创业机会，你随时可以调整评估结果。

总之，对创业机会的潜力和挑战这两个方面进行评估有助于你了解所有选项的模式并对它们进行区分……最具潜力的“路径”也会随之浮现！

潜力

创业机会潜力的评估对于机会的整体评估很关键，因为这个评估可以让你了解开发这个机会可能会创造出来的价值。简而言之，就是明确追求这个选择有多大价值。

这个评估指的是机会本身，它并不考虑你自身实现这个机会的能力。（注意：你成功开发创业机会的能力将在“挑战”方面进行评估。）

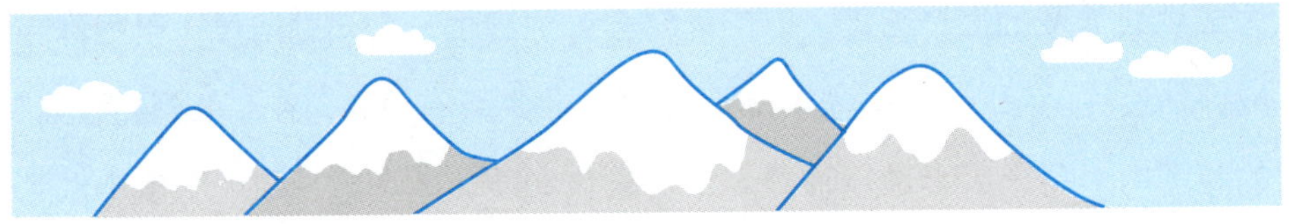

> **想象一下，潜在创业机会集合创造出了企业的发展环境。如果创业机会相当于此环境中的一座座山，那潜力这个维度测量的就是山的高度，所以，山越高，它带给你的潜在价值就越大。**

一个创业机会的价值创造潜力是由三个重要因素决定的：

购买的必然理由

会有人真的想要我们的产品，并且愿意购买它吗？

市场容量

现在，以及不远的将来，这个市场会有多大？

经济可行性

从商业角度来看，这个市场是否值得我们进入？

我们建议你逐一对每个因素进行评估，然后综合你评定的等级，得出“潜力”的评级结果。

购买的必然理由

什么是购买的必然理由

如果没有人想要购买这个产品，那它就毫无价值可言……所以你首先需要了解在某个创业机会下，是否有人真的想要你所提供的产品。如果购买的必然理由不充分，那就是“此路不通”，因为需求并不会因你的产品的出现而大幅上升。

如何进行评估

深入思考三个主要问题：

是否真的存在未被满足的需求?

我们是否能够针对这个需求提供有效的解决方案?

我们提供的解决方案是否（大幅度）优于现有的方案?

以上三个问题的真实答案可以让你评估潜在用户购买产品的理由的充分程度。以下是一个非详尽问题清单，可以引导你找出问题的答案。

是否是一个真正未被满足的需求

- □ 需要解决或完成的确切问题 / 需求 / 工作是什么？这个需求是功能的、社交的、情感的还是基本的需求？
- □ 谁有这样的需求？试着列出一位普通用户的特征。谁是你的经济型买家？谁是你的用户？
- □ 目前，他们如何解决这个问题？他们是否真的在努力解决这个问题？
- □ 你提供的产品能够带来什么改变？它的主要优势是什么？这些优势是经济的、功能的、情感的、自我表达的还是社交的？如果是经济的（例如，提高关键成功因素的生产率 / 降低成本）——试着给出价值和投资回报的确切数据。
- □ 你提供的产品是“应该有”“必须有”还是“愿意有”？
- □ 制作和购买的可能性——用户能够自己制作吗？

是否提供了一个高效的解决方案

- □ 你能够解决这些用户的所有需求并提供整套解决方案吗？[1]
- □ 你能够为使用你的解决方案的用户创造出其他需求吗？这些需求是你目前无法解决的吗？
- □ 在解决这个需求或完成这项任务方面，你具备哪些优势？
- □ 在解决这个需求方面，你具备哪些影响发挥的劣势？

是否优于现有解决方案

- □ 你的用户目前还面临哪些其他解决方案？
- □ 与其他解决方案相比，你具备哪些优势？为什么用户要优先选择你的产品？
- □ 与其他解决方案相比，你具备哪些劣势？为什么用户要优先选择其他产品？
- □ 你的解决方案具备的优势对用户而言是否真的有价值？

切记

注意，我们要从用户的角度对这个因素进行评估。重要的不是你的想法，而是他们所表达的观点，或者更重要的是他们的行为。验证你的观点，走出办公室，多与潜在用户讨论这个创业机会。[2]

深入考虑了这些问题后，你就能够对“购买的必然理由”这个因素进行评级了。如果你认为这种做法有帮助，你还可以逐一对子因素进行评级，然后综合它们的等级，得出最终等级。

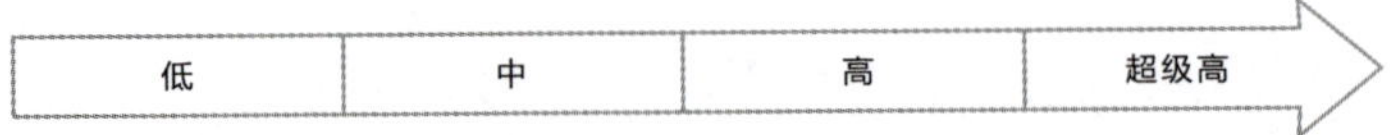

1 *Crossing the Chasm*/ Geoffrey Moore (1991)

2 *The Entrepreneur's Guide to Customer Development*/ Cooper & Vlaskovits (2010); *Running Lean*/ *Ash Maurya (2010); Talking to Humans*/ Giff Constable (2014)

现在，我们用奥格瑞的例子来说明对这个因素的评估过程。

他们慎重考虑的一个创业机会就是商业建筑的 HVAC 系统。他们认为，预测性设备维修可以有效监测 HVAC 系统，有利于大型商业建筑的经理或服务供应商开展工作。这款产品不仅可以消除故障，还可以延长系统的使用寿命，降低运行成本和能耗。

为了评估这个市场的购买的必然理由，他们对很多潜在用户进行了访谈，详细对比了同类型的解决方案。他们发现，现有的预测性维修方案在实施过程中需要大量的投资，这与 HVAC 系统故障维修成本不成比例。奥格瑞可以提供成本相对较低的解决方案，而且不需要前期投资。所以，在这个市场中，预测性维修的需求确实存在。但是，用户本身没有意识到预测性维修的可能性，所以，奥格瑞需要让市场了解这种未被满足的市场需求的存在，激发潜在用户对此产品的需求。

在高效的解决方案方面，HVAC 系统属于标准化系统，奥格瑞能够开发一款完全满足用户需求的产品，并且对于大多数类型的故障，都能够报警和提供相应的解决方案。当时没有任何解决方案是根据这个市场制定的，所以，他们的产品会大幅度地优于市场上现有的预测性维修方案。

总之，他们将“购买的必然理由”评定为“中—高”级，特别是在用户没有意识到存在这种未被满足的需求的情况下。

创业机会：商业建筑的HVAC系统

购买的必然理由

未被满足的需求，高效的解决方案，优于现有的解决方案

市场容量

什么是市场容量

满足一个确实存在的需求是价值创造的重要条件。然而，决定产品销售的范围和产品潜在价值的是市场容量！

在了解市场容量时，你需要估算近期确实有（或可能有）这种需求的用户的数量，以及他们愿意支付的费用。市场规模是预测创业机会潜力的关键指标。虽然市场规模很重要，但规模不大的市场仍可以是一个不错的备选项，如果它可以成为进入更大规模市场的敲门砖。

如何进行评估

深入思考两个主要问题：

当前市场的规模有多大?

它有多大的发展空间?

客观地回答以上两个问题是预测市场容量的基础。以下问题可以指导你判断市场容量。

当前市场规模

- ☐ 有多少用户需要你的解决方案？根据已掌握的数据，你可以采用自下而上或由上向下的方式预测潜在用户的总数量。
- ☐ 有多少用户实际使用或购买你的解决方案？这是初步筛选用户的方式。或者，你可以考虑潜在市场规模（TAM）和可服务市场范围（SAM），正如史蒂夫·布兰克所建议的。[1]
- ☐ 这些用户每年会购买多少产品，每位用户的年收入是多少？结合这两个数据，预测市场总规模，也就是在他们都会购买产品（数量和收入）的情况下，这个市场有多大？
- ☐ 或者，你可以预测问题的规模，也就是用户每年会支付多少钱用以处理你旨在解决的问题？

1 To find out more take a look at: *The Startup Owner's Manual*/ Blank & Dorf (2012)

预期增长

- □ 市场是处于成熟阶段还是发展变化阶段？近两年是否有所增长？
- □ 接下来 2~5 年内，你预计用户需求或数量会增长多少？

切记

我们建议将市场规模分解为两个因素：数量和收入。这两个测量指标相辅相成，能让你更清楚地了解预计市场容量。

相比而言，有些市场更难预测。史蒂夫·布兰克提出市场主要分为三种类型：现有市场、重新细分市场和新市场。[1]

前两种市场更容易预测，因为用户对他们的需求更明确，这两种市场的相关数据也更全面。但是，对于新市场而言，没有明确的用户、没有明确的竞争者，也没有明确的产品，所以测量这类创业机会的潜力时更像猜测，而非预测。

不管哪种情况，预测一个市场时，你必须与对产品感兴趣的群体和经销商进行交流，寻找潜在竞争者，收集现有分析报告和进行相关的市场调研。谷歌分析（Google Analytics）和谷歌趋势（Google Trends）可以为需求量的判断提供初步依据。

深入考虑了这些问题后，你就能够对“市场容量”这一因素进行评级了。如果你认为这种做法有帮助，你还可以逐一对子因素进行评级，然后综合它们的等级，得出最终等级。

1 To find out more take a look at: *The Four Steps to the Epiphany*/ Steve Blank (2005)

我们用商业建筑的 HVAC 系统市场来说明市场容量的评估过程。

世界上装有 HVAC 系统的商业建筑不计其数。即使奥格瑞最初把目标仅锁定在美国市场，那也有数百万这样的商业建筑（事实上，商业建筑能耗调查显示，2012 年美国有 560 万栋商业建筑）。

奥格瑞的创始人预计每栋建筑的年收入大约在 5 000 美元，不论是从数量还是从收入上看，这都是一个规模庞大的市场。

同时，研究分析员预测，由于全球建筑项目数量的增长，HVAC 全球市场在未来几年将呈稳定增长的态势（年增长率约为 7%）。

因此，这个创业机会的市场容量被评定为“高”。

创业机会：商业建筑的HVAC系统

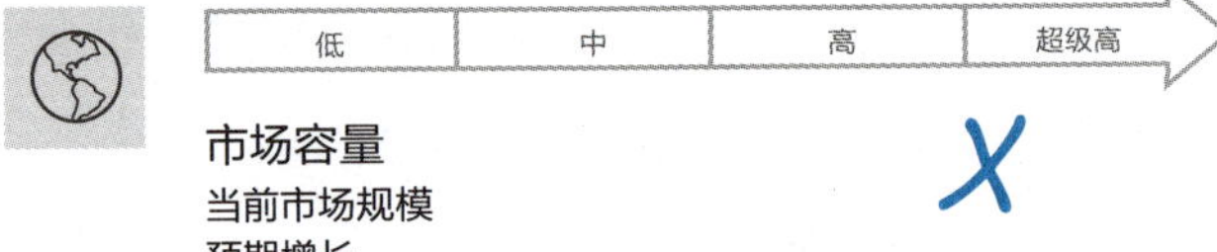

经济可行性

什么是经济可行性

作为评估创业机会潜力的最后一个因素，经济可行性反映了这个机会可能会为你创造的经济效益。不涉及详细的销售计划或投资回报率（ROI），它指的是影响创业机会经济价值的基本因素。

如何进行评估

在评估的初期，制定详细的财务计划（3~5 年的损益估算）并不可行，因为这个计划涉及的大部分信息到目前为止都太模糊。但是，通过考虑以下三个主要问题，你可以得到一个相对清楚的创业机会经济潜力。

你是否会有可观的利润?

用户是否可以负担既定的价格?

用户黏性有多大?

客观地回答以上三个问题有助于了解创业机会的经济潜力。以下问题可以引导你找出答案。

利润率（价值与成本）

- ☐ 用户愿意支付的预估价格是多少?
- ☐ 产品 / 服务的预估成本是多少?
- ☐ 获得每位用户的预估成本是多少?
- ☐ 预估利润是多少（也就是每位用户的经济潜力）?
- ☐ 他们会随时间发生变化吗（由于规模经济、组件的有效性的提高等）?

用户的支付能力

□ 用户是否具有较强的经济能力（总体来说）？

□ 对于你旨在用产品 / 服务解决的问题，用户是否有预算（特别是 B2B）？

□ 是否有人在经济上对预算负责（特别是 B2B）？

用户黏性

□ 用户会多么频繁地使用或重复购买你所提供的解决方案？

□ 用户使用替代解决方案的难易程度有多大？

切记

创业机会的经济可行性很关键，因为它最终决定了企业能否生存和发展。虽然我们很难预测产品 / 服务的未来标价，但重要的是能够了解并确定产品 / 服务的成本和用户愿意支付的价格之间有足够的空间。不管怎样，一定要与你的“经济型买家”沟通，了解他们的想法。另外，找出竞争产品 / 服务，它们是你定价的参照标准。

在预估你的成本时也会遇到类似的问题：粗略估算可能是目前最佳的处理方式，总要好过毫无头绪！注意，因为规模经济的出现，成本可能会呈下降趋势。

虽然这个因素很重要，但也会有很多成功的企业在开始时并没有一个清晰的收入模式，它们认为用户牵引的增长会产生巨大的经济回报（如图片分享社交应用 Instagram 和个人导航地图软件 Waze）。在这种情况下，经济可行性具有很大风险，而且只有在长期内才具有较高的经济效益。

深入考虑了这些问题后，你就能够对“经济可行性”这一因素进行评级了。如果你认为这种做法有帮助，你还可以逐一对子因素进行评级，然后综合它们的等级，得出最终等级。

我们再次用商业建筑的 HVAC 系统市场来说明经济可行性的评估过程。为估算经济可行性，首先要估算用户能够从奥格瑞提供的解决方案中所获得的价值。研究表明，一个正常运转的预测性维修方案可以为商业建筑每年节省约 1 美元 / 平方英尺，最高可以节省运营预算的 13%。奥格瑞创始人根据这些数据得出的价值和价格比率是相对较高的。

而且，由于发展障碍和规模经济程度低，产品的初始成本会相对较高，目标用户有较好的经济基础，能够负担高于这些成本的价格。但用户是否能够保持忠诚我们却无法判断。因为它们的算法是建立在机器学习基础上，所以它通过反复“倾听”同一类机器得到更精确的诊断。这能够促使用户选择奥格瑞的解决方案。但是，一旦竞争产品在市场上出现，转换障碍并非足够高。

总之，根据以上考虑，创业机会的经济可行性等级为“高”。

创业机会：商业建筑的HVAC系统

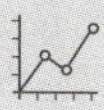

低	中	高	超级高
		X	

经济可行性

利润率（价值和成本），用户的购买力，用户黏性

潜力：综合评级

完成对这三个关键因素的分析后，将这三个因素的等级综合得到总的创业机会潜力等级。

将这三个等级平均，平均等级也在“低—超级高”的范围内。平均等级将用于判断这个创业机会在吸引力地图上的位置：价值创造潜力为 y 轴。

注意，平均等级可能会隐藏关于创业机会优缺点的信息。不过更重要的是你已经考虑了评估创业机会潜力时的主要因素。现在，你已经了解了创业机会潜力的优劣势。记住它们。

给不同因素分配权重

所有因素是否具有相同的重要性？

这是个简单的问题，却有着复杂的答案。

用户得到的价值（购买的必然理由）是一个必要条件，因此也是第一个要分析的内容。如果结果相对较低，不管其他因素有多大的优势，你进入市场的过程中都会出现各种问题。但价值和市场容量可以相互平衡，创造出非同寻常的创业机会（例如，超高价值和较低市场容量，反之亦然）。所以，整体情况还是取决于所有因素。

必要时，可以对不同因素赋予不同的权重。但要慎重行事，如果你确实要使用不同的权重，一定要确保在不同机会选项间保持一致。

对于奥格瑞来说，HVAC机会的综合潜力相对较高。尽管需要让市场了解这种产品，但他们认为在市场容量足够大、经济又具有较大潜力的条件下，付出是值得的。

创业机会：商业建筑的HVAC系统

潜力

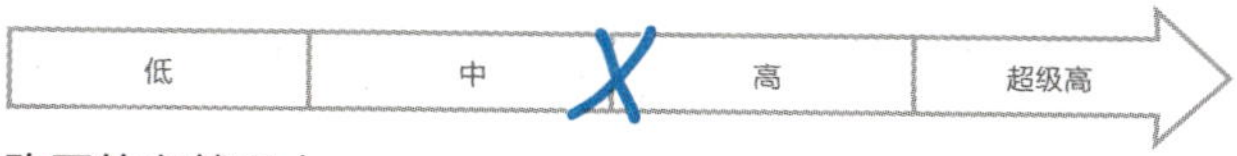

低 | 中 | 高 | 超级高

购买的必然理由
未被满足的需求
高效的解决方案
优于现有的解决方案

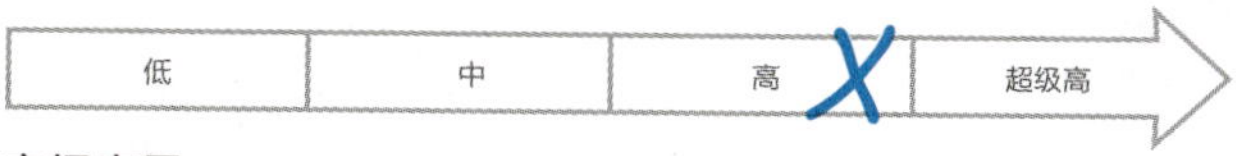

低 | 中 | 高 | 超级高

市场容量
当前市场规模
预期增长

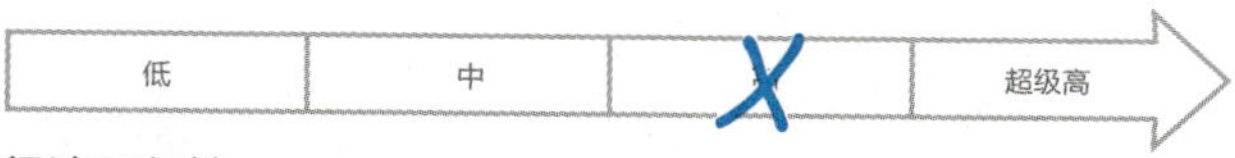

低 | 中 | 高 | 超级高

经济可行性
利润率（价值和成本）
用户的购买力
用户黏性

综合潜力

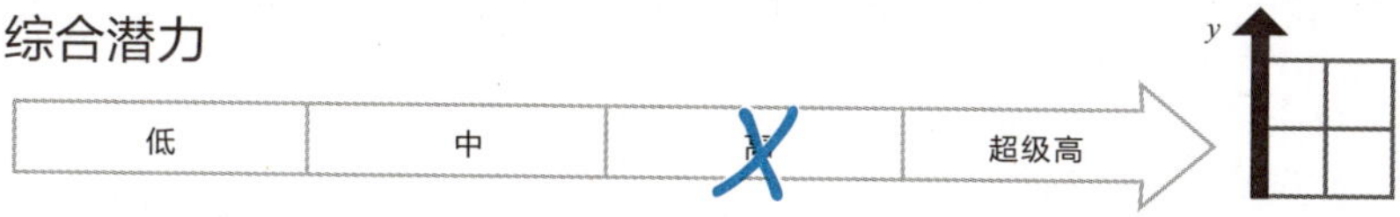

低 | 中 | 高 | 超级高

有的市场虽然容量不大，但其创业机会却可能具有巨大的潜力。微型机器人医学（Microbot Medical）就是一个很好的例子。该企业其中一个产品就是一个由电磁场控制的自主爬行微型机器人。

利用该突破性技术可以在神经外科、心脏科、妇科等多个领域实施微创医疗。企业考虑并初步识别的一个创业机会是处理脑积水（Hydrocephalus）的自动清洗分流器。虽然针对这项功能的市场容量并不大（美国每年进行约 40 000 例相关的手术），但这款产品提供的价值却是巨大的——不管是对病人还是对保险企业而言，所以，产品回报很诱人，而且没有与其竞争的解决方案。这个机会的购买的必然理由和经济可行性处于“超级高”等级，这也表明了此机会潜力巨大。

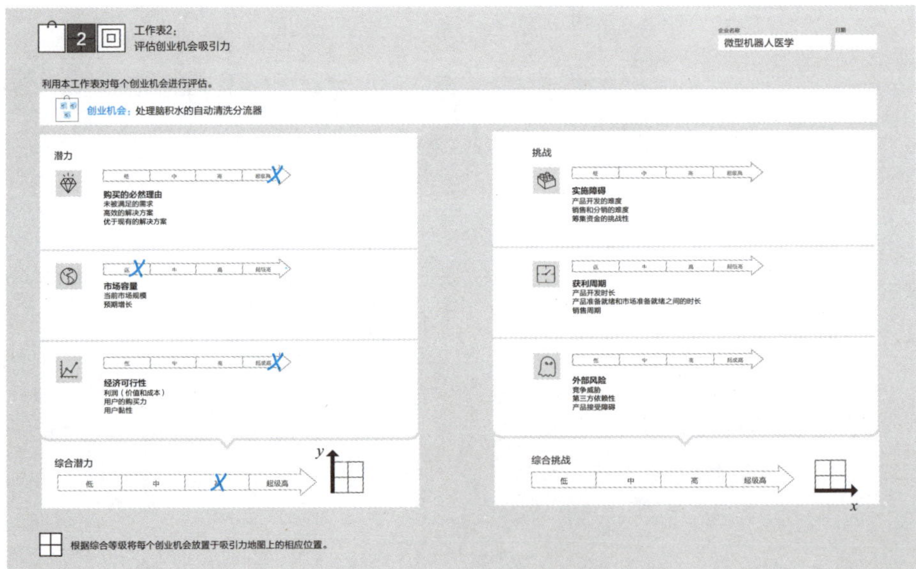
工作表2：
评估创业机会吸引力

企业名称
微型机器人医学
日期

利用本工作表对每个创业机会进行评估。

创业机会：处理脑积水的自动清洗分流器

潜力

低	中	高	超级高 X

购买的必然理由
未被满足的需求
高效的解决方案
优于现有的解决方案

低 X	中	高	超级高

市场容量
当前市场规模
预期增长

低	中	高	超级高 X

经济可行性
利润（价值和成本）
用户的购买力
用户黏性

综合潜力

低	中	高 X	超级高

y

挑战

低	中	高	超级高

实施障碍
产品开发的难度
销售和分销的难度
筹集资金的挑战性

低	中	高	超级高

获利周期
产品开发时长
产品准备就绪和市场准备就绪之间的时长
销售周期

低	中	高	超级高

外部风险
竞争威胁
第三方依赖性
产品接受障碍

综合挑战

低	中	高	超级高

x

根据综合等级将每个创业机会放置于吸引力地图上的相应位置。

挑战

你考虑的每个创业机会不仅涉及其本身具有的价值创造潜力，还包括其价值带来的挑战。了解创业机会的挑战很重要，因为它们决定了你在这个市场获得成功的难易程度。注意，虽然潜力是通过观察创业机会本身来评估的，但这个方面考察的其实是你的成功能力，以及可能面临的主要障碍。

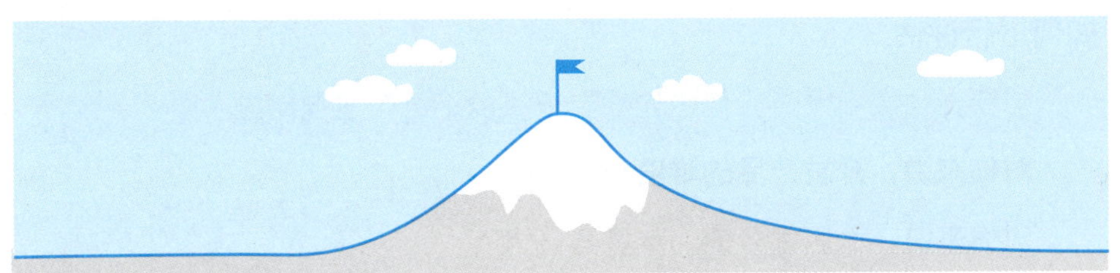

> **在创业机会的地形图上，每个机会选项就是一个你要攀登的一座山；“挑战”指的就是你爬到山顶的概率，而不是山顶的高度。**

利用以下三个主要因素来判断一个创业机会具有的挑战：

实施障碍

创造和交付你的产品 / 服务的难易程度有多大？

获利周期

通过销售产生现金流的时长是多少？

外部风险

商业环境中，哪些障碍会阻止你的发展？

我们建议你逐一对每个因素进行评估，然后综合你评定的等级，得出挑战的最终等级。

实施障碍

什么是实施障碍

在你成功进入市场发布和推广你的产品 / 服务的过程中，创造和交付产品时你会面临的各种挑战。评估这些挑战有助于理解与特定创业机会相关的挑战。除了了解已掌握的资源和能力，你还需要了解自己应该开发和获得其他哪些新资源和新能力以保证在选定的创业机会中获得成功。

如何进行评估

想要评估实施障碍，你首先需要解决以下三个主要问题：

对你来说，开发产品的难度有多大?

对你来说，销售和分销的难度有多大?

对你来说，为这个机会选项筹集资金的挑战有多大?

以上问题的答案可以让你深刻了解实施过程中面临的挑战。利用以下问题找出答案。

产品开发的难度

- ☐ 必须攻克哪些技术难关?
- ☐ 你是否可能会面对与用户界面和设计相关的挑战?
- ☐ 你是否应该遵守任何规章制度?

销售和分销的难度

- ☐ 为获取用户，需要利用哪种分销渠道（直销、经销、零售等）?
- ☐ 是否有充足的渠道?
- ☐ 建立渠道需要多长时间?
- ☐ 拥有多个渠道是否重要?

- □ 经营 / 利用分销渠道的成本有多高?
- □ 是否已存在有效的销售渠道（针对目标用户群）?
- □ 让用户了解你的产品 / 服务并产生兴趣（也就是获得新用户）的成本有多高?

筹集资金的挑战

- □ 在用户开始购买产品 / 服务前，你需要筹集多少资金（也就是总的种子投资）?
- □ 筹集足够资金的难度有多大（可用资金、时尚行业等）?

> **切记**
>
> 创业者常常会充分考虑开发产品 / 服务时面临的挑战，而忽略将其推向市场的挑战。交付产品 / 服务有时要难于开发产品 / 服务，所以一定要深思熟虑。
>
> 在你了解了在特定创业机会下创造和交付产品 / 服务过程中面临的挑战后，你可以据此判断所需的资金。在估算必备资金时，采用自下而上的分析方法：需要多少研发人员? 费用是多少? 需要什么设备? 你需要多少营销人员? 费用是多少? 营销活动需要多少投入?
>
> 如果无法估算此阶段必备资金的确切数额，那可以选择大概的范围：低于 100 000 美元，低于 500 000 美元，低于 2 000 000 美元，以此类推。这种方式足以预测你将要面对的资金挑战。

深入考虑了这些问题后，你就能够对“实施障碍”这一因素进行评级了。如果你认为这种做法有帮助，你还可以逐一对子因素进行评级，然后综合它们的等级，得出最终等级。

我们再次用商业建筑的 HVAC 系统市场来说明这个因素的评估过程。

与生产设备相比，每台生产设备都具有独特性，而 HVAC 设备的优势就在于其标准化。因此，开发一款可以监测 HVAC 系统的噪声和振动的产品相对简单。奥格瑞的创始人认为这可行。

产品成型后，就需要将它推向市场，至少在第一阶段，需要一支直销团队。主要是因为此时分销的主要角色是拉动需求，而不是满足需求。

慢慢地，会形成多种销售渠道以全面接触市场。

了解了产品开发和销售挑战后，预计的种子资金大约 200 万美元。

总之，根据以上考虑，实施障碍的等级为“中—高”。

创业机会：商业建筑的HVAC系统

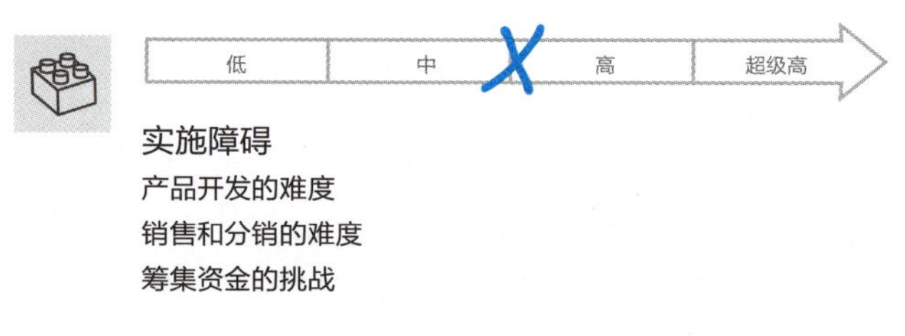

 获利周期

什么是获利周期

正向现金流就像新创企业的氧气。时间飞逝，资金如流水。因此，通过销售产生现金流的速度就是主要考虑因素。这个因素预测了账户中开始产生现金积累的时长。如果周期过长，那你很可能在创业的路上面临重大挑战，也可能经受巨大的压力，因为主要股东及企业员工会质疑创业思路的可行性。

如何进行评估

想要预测创业机会的获利周期，你首先要考虑以下三个主要问题：

预计产品开发时长是多少?

我们需要等待市场接受我们的产品 / 服务吗?

销售周期预计是多长?

客观地回答以上三个问题有助于了解与创业机会相关的时间因素。以下问题可以引导你找出答案。

产品开发时长

- ☐ 在产品准备进入市场前，你需要完成哪些重大任务?（考虑技术开发、设计配件、规章制度等。）
- ☐ 完成每个重大任务的时长是多少?
- ☐ 在产品准备进入市场前的这个阶段需要多长时间?

产品准备就绪和市场准备就绪之间的时长

- ☐ 产品准备就绪后，我们应该或需要在产品推向市场前做什么?（考虑价值链因素、必备的基础设施、互补产品等。）

- ☐ 这要花多长时间?
- ☐ 在产品准备就绪和市场准备就绪之间是否存在时间差? 这个时间差有多长?

销售周期

- ☐ 谁是购买决策的参与者? 为达成交易，你需要与多少人进行沟通 / 会面?
- ☐ 是否会有人反对购买此产品或阻碍其进入市场? 他们为什么反对（价格昂贵 / 产品复杂 / 原系统需要改变等）?
- ☐ 达成交易的预计时长是多少?
- ☐ 交易确定后，预计的执行时长是多少?

切记

与 B2C 市场相比，B2B 市场更为复杂、销售周期也更长。消费者市场的表现不同：选择特定产品需要时间，但实际决定购买和产品准备的时间却相对较短。不管哪种情况，对时间的考虑都是至关重要的。

另外，获利周期与实施障碍（上节已做出评估）联系紧密。但它们强调的是两个不同的维度，这两个不同维度又是了解创业机会的基本挑战的关键。

收入是判断产品 / 服务是否被接纳的重要因素之一。如果你的新创企业有不同的成功标准（如产品受欢迎程度），你可以利用这些标准来预测产品为市场接纳所需的时间。

深入考虑了这些问题后，你就能够对“获利周期”这一因素进行评级了。如果你认为这种做法有帮助，你还可以逐一对子因素进行评级，然后综合它们的等级，得出最终等级。

在评估商业建筑的 HVAC 系统市场时，奥格瑞是按照以下内容对这个因素进行评估的。

因为产品开发似乎可行，而且也没有特殊的法规要求，盖尔和萨尔预测，与组合中的其他创业机会相比，他们可以较快推出一款产品。

对于必备的基础设施，市场本身能够接纳他们的产品，所以，产品和市场准备就绪之间没有预想的时间差。

但销售周期需要一定时间，只是实施工作可以循序渐进地进行，也不需要前期投资。

总之，这个创业机会的获利周期较短，其等级为“低—中”。

创业机会：商业建筑的HVAC系统

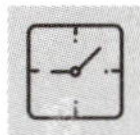
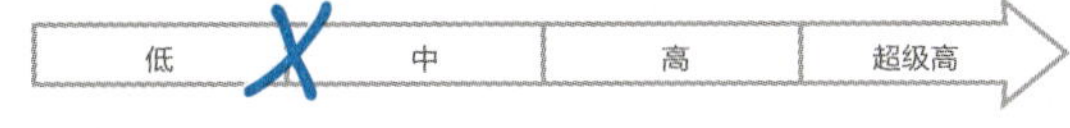

获利周期

产品开发时长

产品准备就绪和市场准备就绪之间的时长

销售周期

外部风险

什么是外部风险

外部环境中的许多企业和竞争者会威胁你的企业的成功。而你通常无法控制这种风险，但在判断创业机会价值发挥的难易程度时需要考虑这一点。

如何进行评估

想要评估创业机会的外部风险，你首先需要考虑以下三个主要问题：

竞争会给你带来多大威胁?

你对其他企业或竞争者的依赖程度有多大?

你的产品/服务的市场接受度如何? 遇到的阻力有哪些? 你对此有多敏感?

客观地回答以上三个问题有助于你更深入地了解与创业机会相关的外部风险。以下问题可以引导你找出答案。

竞争威胁

- ☐ 谁是你目前的竞争者（一一列出）?
- ☐ 谁会成为你未来的竞争者?
- ☐ 这些竞争者有多强大?
- ☐ 对于新入市场者是否有进入壁垒（专利、规章制度、外部网络等）?
- ☐ 与其他竞争者相比，你是否有明显的优势?
- ☐ 这种优势是否可持续（独特、难模仿、可持续）?

第三方依赖性

- ☐ 合作创新：为了让你的发明创造成功，谁还需要参与创新?
- ☐ 生态系统中的哪些参与者会影响你的产品被用户接受? 为了让目标用户完全实现价值主张，谁还需要采用你的发明创造? [1]

1 *The Wide Lens*/ Ron Adner (2012)

□ 制度管理：你对政策制定者和监管机构的依赖性有多大？

产品接受障碍

□ 用户是否能接受新产品？

□ 你的产品是否和现有方式兼容？和现有规定相容？和现有系统、标准、基础设施相容？

□ 你的产品有多复杂？

□ 在购买前是否可以试用？

切记

外部风险是创业过程中一个很难应对的因素。特别是在商业环境中，激烈的竞争经常被强调成重大危害。虽然进入一个有着强大防御的战场很危险，但缺少竞争同样令人担心——一种情况是你所预见的创业机会并非真实存在（其他人已经发现并进行了开发），还有一种情况是你需要担负起唤醒市场的责任，并提供配套元素。所以，在评估与竞争相关的外部风险时，一定要考虑与竞争相比你所具备的优势。优势越大，竞争局面对你就越有利。有人甚至会提到“不公平”竞争优势，这种优势有助于你达成销售协议！

对于市场接受度，记住，有些市场要更容易接受创新，有些创新也更容易被采纳。[1]

深入考虑了这些问题后，你就能够对“外部风险”这一因素进行评级了。如果你认为这种做法有帮助，你还可以逐一对子因素进行评级，然后综合它们的等级，得出最终等级。

1　*Diffusion of Innovations*/ Everett Rogers (1962)

在评估商业建筑的HVAC系统市场时，奥格瑞是按照以下内容对这个因素进行评估的。

团队做出的竞争分析表明，现有的诊断解决方案成本过高、操作复杂。初始设备投入高达50 000美元，而且后期还需投入更多的资金用以聘请具备专业技能的内部员工并需要进行技术培训。而奥格瑞的解决方案操作简单，无须前期投资。这是奥格瑞的竞争优势，通过申请专利和知识、能力的积累，他们也希望能保持这个优势。

除此之外，他们的产品是一项独立的解决方案，也就是说，他们并不依赖市场中的其他参与者或任何监管机构。

对于用户接受（新产品/新服务）方面的风险，他们的产品对于具有一定保守性的市场来说是创新、是突破。然而，它与现有基础设施完全兼容，易于使用、方便试用，以上因素综合到一起减小了产品进入市场时的阻力。

根据以上考虑，外部风险的等级为“中”。

创业机会：商业建筑的HVAC系统

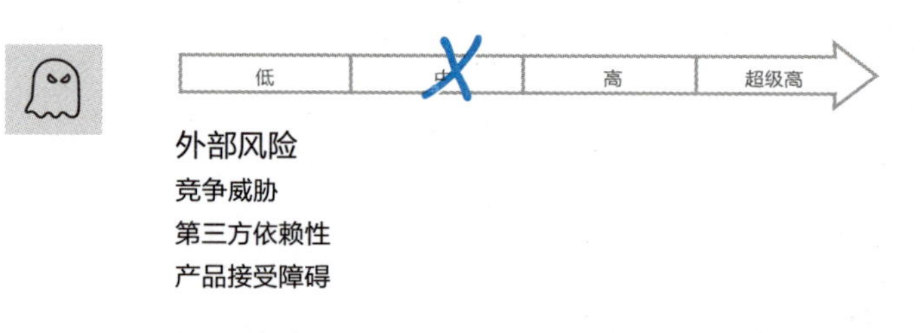

挑战：综合等级

一旦完成了对所有价值获取挑战因素的分析后，就会得到综合等级。根据你的分析结果，综合等级是在“低到超级高”的范围内。综合等级将用来识别创业机会在吸引力地图上的位置：挑战为 x 轴。

注意，平均等级可能会隐藏关于创业机会优缺点的信息，但它提供了一个比较其他创业机会的明确标准。所以，我们一定要注意每个因素的独立分析及最终得到的综合等级的含义。

给不同的因素分配权重

所有因素是否有相同的重要性？这是个简单的问题，却有着复杂的答案。我们建议你仔细观察不同的因素，明确它们对你的成功所起到的作用。

如果你要给每个因素分配权重，一定要注意各个因素间是相互联系的。例如，实施障碍和外部风险会影响获利周期，尽管它们强调了不同的观点和重要的考虑因素。

另外，在评估其他创业机会时，要始终保持一致，为同一个因素分配相同的权重。

对于奥格瑞来说，HVAC 的创业机会的综合挑战等级为“中”。特别是这个产品具有相对较短的获利周期，这对团队来说是一个非常重要的因素。他们认为，实施障碍是可行的，外部风险是可控的。

创业机会：商业建筑的HVAC系统

挑战

低 | 中 | 高 | 超级高

实施障碍
产品开发的难度
销售和分销的难度
筹集资金的挑战

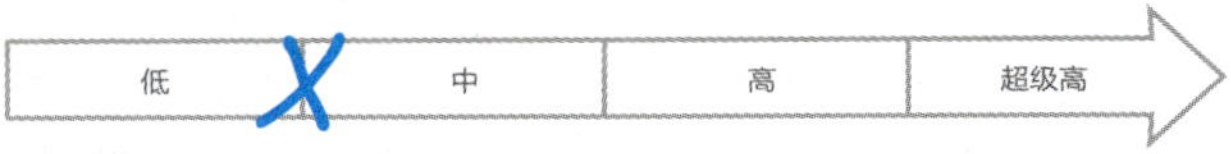

低 | 中 | 高 | 超级高

获利周期
产品开发时长
产品准备就绪和市场准备就绪之间的时长
销售周期

低 | 中 | 高 | 超级高

外部风险
竞争威胁
第三方依赖性
产品接受障碍

综合挑战

低 | 中 | 高 | 超级高

x

微型机器人医学企业的情况有所不同。开发有自动清洗功能的、处理脑积水的分流管是相当具有挑战性的。尽管分流管是内径固定的人造管——便于微型机器人爬入——但设备在开发过程中也遇到了很多障碍和风险，同时花费了很长时间。临床试验复杂，监管规定严格。即使竞争产品水平低下，该产品还是面临着较高的外部风险。这很大程度取决于监管机构（如美国食品和药物管理局）和保险理赔。

选择这条道路，挑战的综合等级为“高”，但微型机器人的管理人员和技术人员有信心应对这项挑战。而且，企业考虑的其他创业机会要求微机器人爬入内径大小不一的生物管中（如血管、呼吸系统或消化道等），所以，与上述的其他创业机会相比，该机会的实施障碍、获利周期和外部风险等级都相对较低。而这些较大的挑战最终会成为微型机器人未来潜在竞争者的主要进入壁垒。

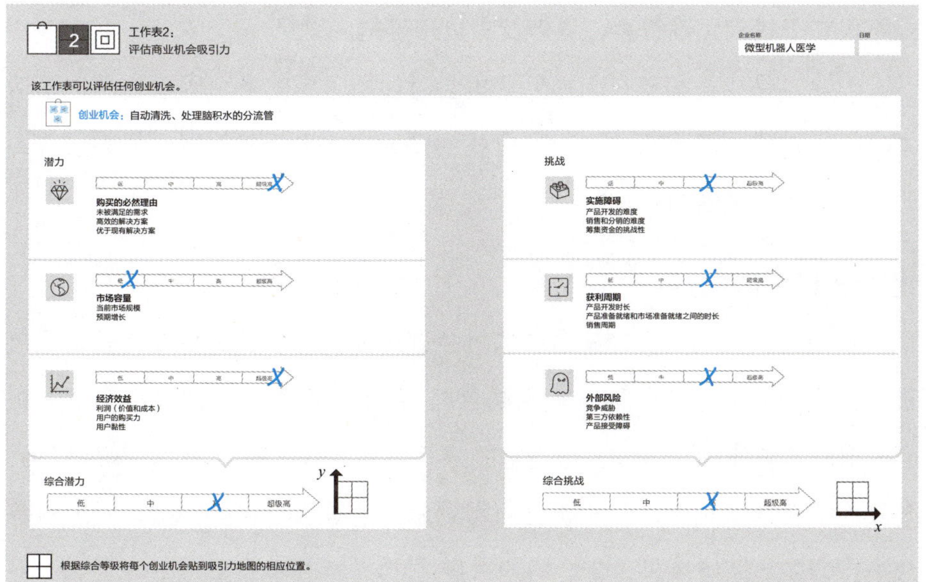

在评级过程中面对的主要考虑因素

给不同创业机会评级是学习和验证的过程。这个过程一般从你对市场的假设开始，随着知识的积累，你对市场的了解会越来越多、越来越深刻。如果想验证一个创业机会是否真实存在，利用工作表 2 做出你的主要假设，并且制订关键的行为计划。

另外，即使你对自己收集的关于某个创业机会的信息很有信心，但对不同因素和方面进行评级也不是一件易事。在进行这项任务时，需要着重考虑以下几点：

提出问题和找出答案

与创业者和创新者合作时，我们经常会听到他们在寻找与市场相关问题的满意答案时的抱怨。这是一个复杂的过程，我们不能完全依赖于确切的数据，还要加入常识、归纳推理和某些直觉。而且，这个过程的有利之处不仅在于找到正确答案，还涉及提出正确的问题。

因此，寻找答案及在选择创业机会时你所考虑的各个因素这两件事情本身就很重要。简而言之，一方面我们要努力找出正确答案，但另一方面也要能够提出正确的问题！

绝对分析和相对分析

我们应该对创业机会集合中的机会进行独立评级还是相互比较之后再进行评级？答案是“两种方式相结合”。我们建议你开始评估一个创业机会时要把它看作独立个体，用绝对的方式对其进行评级，之后，拓展思路：与其他机会选项相比，这一机会应得到怎样的等级，在必要时，对绝对等级进行调整。评级也是一个学习的过程！

快速简单的分析和详细全面的分析

正如上文所提到的，评估过程的第一步是对某个创业机会做出假设，你可以根据这些假设对创业机会做出“快速简单”的评估。这种方式适用于缩小机会范围、快速淘汰一些机会选项的情况。更重要的是，你可以利用这种快速简单的评估方式找出仍需收集的关键信息，这样你才能够将假设和想法转换成知识。在采取任何行动前，一定要进行详细全面的分析，将这个意义重大的决策放在可靠评估的基础上制定。

定性评级和定量评级

在评级过程中，创业者和创新者，特别是有工程技术背景的，倾向于采用数学方式评估，例如，将等级范围转换成数字（1 ~ 4），然后将所有数字平均得出最终分数。虽然这是一种可行的方式，但我们还是建议你采用定性的方式进行评级。通过不同因素的系统性分析，了解创业机会的主要优劣势，据此对其价值创造潜力和价值获取挑战进行评级。

短期和长期

最后，不同因素的等级结果可能会取决于在此过程中你选择的时间范围。短期或长期的观点会导致不同的等级结果，因为评级范围会随时间发生一定变化。

合适的时间范围在很大程度上取决于你设定的企业发展目标：你是想建立一个大型企业，还是倾向于能够快速退出？不管你是采取短期的还是长期的策略，在评估创业机会集合中的所有选项时，一定要采用一致的方式。

结果——你的吸引力地图

终于到了这一刻：完成对创业机会集合中所有选项的评级后，把它们放到吸引力地图上，详细了解每个机会选项及整个组合！利用吸引力地图，你可以从视觉上对创业机会进行直观的评估，更好地掌握它们的优劣势，并对其进行比较。视觉化的方式有助于你在一定时间内识别最具吸引力的机会选项，从而对你主要的创业机会做出明智的决策。

地图的 y 轴代表机会选项的“潜力”，x 轴代表“挑战”。

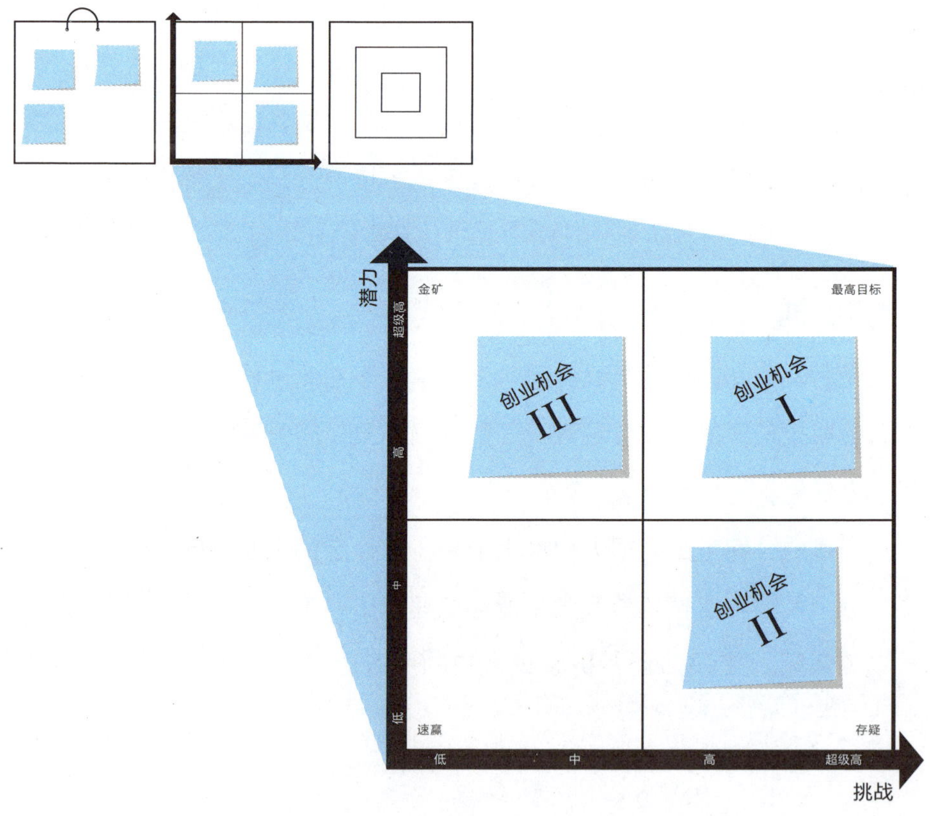

吸引力地图的分析

当你的视角完成从创业机会的个体到整体的转移后，吸引力地图就将发挥其最大功能。吸引力地图可以让你比较潜在的创业机会、锁定最具潜力的机会及设计敏捷聚焦战略。

吸引力地图上的四个区域

金矿机会

这个区域的创业机会具有相对较大的价值创造潜力和较小的价值获取挑战。换句话说：你的梦想会实现！它们位于理想位置，但却相对稀少。金矿机会通常是识别出大量未被满足的需求的结果——在此之前从来没有人去解决这种需求，或者，你可能拥有攻克某个难关的独特技术，而其他人不具备这个技术。如果你确实有一个金矿机会，那它就会显现出主要创业机会的特征。

以 Gusto 为例，它是一家创建于 2011 年的美国企业，该企业开发了一款以小型企业为主的现代薪酬管理系统。这个创业机会的潜力很大。虽然市场上有很多薪酬管理解决方案，但没有一个是专门针对小型企业的需求的。Gusto 的一站式解决方案操作简单、成本较低，特别受大容量市场的欢迎。用户黏性高，虽然他们的价格适中，经济效益却很高。虽然也需警惕竞争威胁，但它整体的挑战还是相对较小的。实施障碍能够得到解决，而产品又能在短时间内推向市场。总的来说，这个潜力大、具有“中—低”挑战等级的机会成了金矿机会。事实证明，在 2015 年 Gusto 雇用了 300 多名员工，服务 30 000 多位用户，总市值超过了 10 亿美元。

最高目标机会

有一类创业机会，它们具有相对较大的价值创造潜力和较大的价值获取挑战。通常，真正创新的产品 / 服务都位于吸引力地图的这个区域，也就是高风险、高回报并存。一些投资者认为，如果你相信团队可以克服这类机会所带来的巨大挑战，那这些机会选项很值得你去投资。因此，最高目标选项可以作为你的主要创业机会选项或长期的发展机会选项。

最高目标机会的典型案例是 Given Imaging（基文影像），该企业开发了一款可吞入式胶囊内窥镜。Given Imaging 成立于 1998 年，那时微型药片摄影的想法只会在科幻小说里出现，但 Given Imaging 的创始人认为导弹技术可以微型化用以制造医疗产品。

虽然这个创业机会的潜力很大（因为没有一个理想的解决方案用于小肠检查），但其挑战更大。幸运的是，基文影像成功地抓住了这个最高目标机会，于 2001 年推出了他们的第一款药片摄影机。2013 年，Given Imaging 在肠胃内窥镜检查视频设备领域里占有将近 90% 的市场份额，被 9.95 亿美元收购。

速赢机会

在这个区域里，创业机会具有相对较小的价值创造潜力和较小的价值获取挑战。在风险—收益模式里，它们代表了低风险 / 低收益的机会选项，它们相对安全地提供了有限的价值创造潜力。这些选项可以为你提供一个非常漂亮的开头，但需要结合其他机会来增强企业的长期发展潜力。很多创新型企业创立时，短期内都会对准这样的速赢机会，以此作为未来最高目标机会的垫脚石。

以 E Ink 为例。该企业创立于 1997 年，是由麻省理工学院媒体实验室（MIT Media Lab）剥离出来的一家子公司。该企业开发了一款特殊形式的电子墨水，可用于电子显示屏。创始人的愿景是要创造“无线电纸张”——一款可以取代书、杂志和报纸的敏捷电子显示屏……这就是一个最高目标机会。作为一个短期机会选项，该企业决定聚焦于大范围的标牌市场。

尽管这个创业机会显现了相对较小的潜力，但它的挑战同样也不大，特别是对于仍需解决的技术障碍（因为最初的墨水只能是蓝色和白色）。总的来说，E Ink 将这个机会看作最佳的垫脚石。但现实却没有按照预想的发展：生产成本大幅度增加，超过了预期，企业必须在作为分销渠道的销售团队上投入大量资金，而用户认为墨水只有蓝色和白色太有局限性了。[1]

再以特斯拉跑车（Tesla's Roadster）——奢华全电动跑车为例，虽然它很具挑战性，但相比于面向大众市场的低成本车型，利用电动汽车领域里的最新技术建造一款价值 100 000 美元的豪车还是更容易些。特斯拉还是准备瞄准这个利基市场，虽然潜力相对较小，但它可以作为技术更先进、价格更实惠的车型（最高目标机会）的跳板。

存疑机会

这些创业机会具有相对较小的价值创造潜力和较大的价值获取挑战。所以，这是吸引力地图里最不理想的一块区域。在其他三块区域里找到目标创业机会对你来说更有利，你可以先搁置存疑的创业机会，因为条件会随时间发生变化，这类机会在未来某个时间也可能变得更具吸引力。

很多企业项目失败就是因为选择了存疑机会，而且大多数情况下他们都没有意识到这一点！研究表明，他们努力创造出的产品会没有或有较少的需求：不具备足够吸引力的价值主张或市场规模有限。这就是“低”潜力和“高”挑战创业机会的特征。事实上，在美国创投研究机构 CB Insights 对 101 个创业失败企业进行的一项事后分析中，排名第一的失败原因（占比 42%）就是新创企业旨在主要解决有趣的问题，而非有市场需求的问题。[2]

完成你的创业机会地图后，你可以利用地图上的四大不同区域区分所有机会选项并抓住它们的不同点。

1　*E Ink in 2005*/ Yoffie & Mack, HBS case (2005)

2　*The Top 20 Reasons Startups Fail*/ CB Insights (2014)

现在，我们要一起来看奥格瑞的吸引力地图。

商业建筑的HVAC机会的综合等级被评定为“高”潜力和“中”挑战。因此，这个机会位于吸引力地图的金矿区域。在做出最终决策前，奥格瑞想要对其他四个创业机会进行评估。

第一个是对不同工厂的生产线进行预测性维修。阻止突发故障，减少停运时间，节约能源和生产费用，制造商可以从中获益。

但现实是，每条生产线都是独特的，需要大量的定制。所以，这个创业机会具有“高”潜力和“高”挑战。

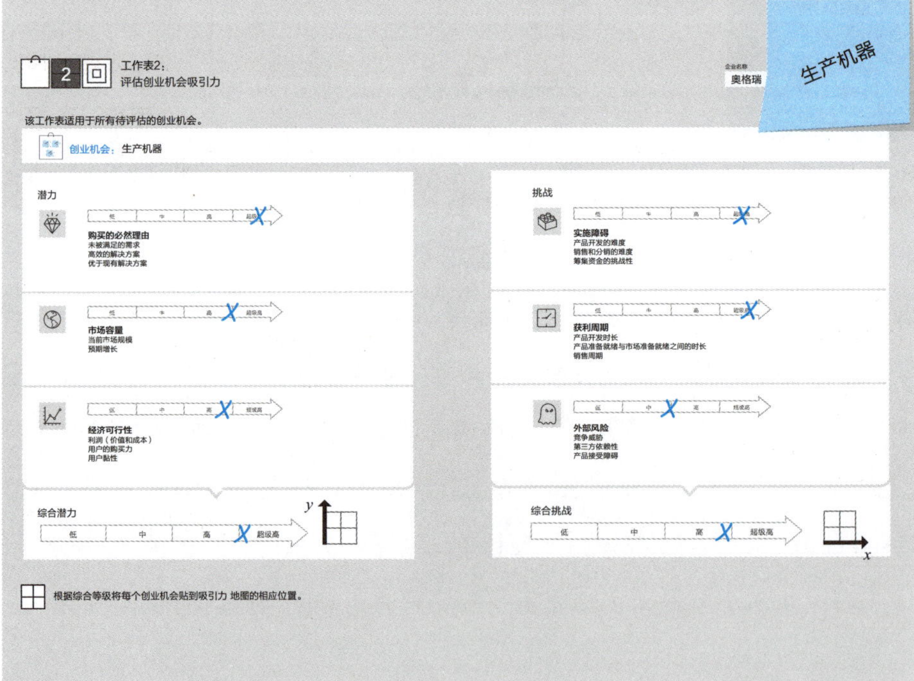

第二个创业机会针对的是具有制冷箱的国际货运企业。

分析表明，这个创业机会具有“中”潜力，特别是在预测性维修的价值不够大的前提下。而挑战是可以应对的，所以等级被评定为“中—高”。

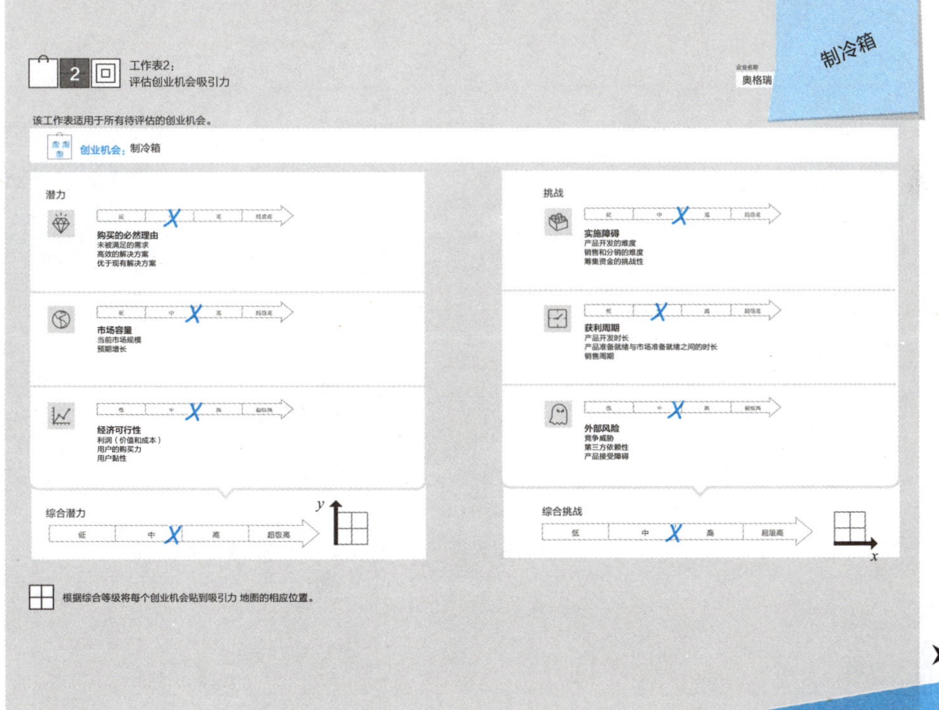

第三个选项是白色家电。奥格瑞认为，一旦这类家电嵌入了互联网技术，他们就能够向制造商提供服务，在这类家电里安装奥格瑞的设备。

虽然购买的必然理由并不是非常充分（因为机器发生故障的成本相对较低），但市场容量大、经济可行性高，所以潜力的综合等级为“高”。

市场没有准备好接受这类产品，所以获利周期和外部风险等级为“超级高”，由此，挑战的综合等级为“高”。

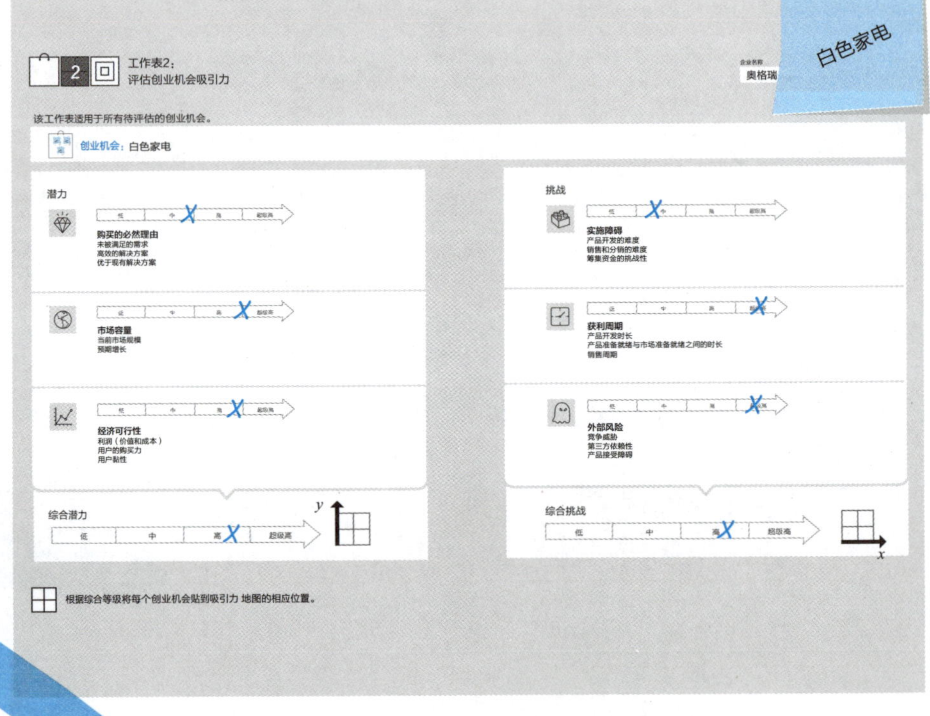
工作表2：
评估创业机会吸引力

企业名称
奥格瑞

白色家电

该工作表适用于所有待评估的创业机会。

创业机会：白色家电

潜力

潜力	低	中	高	超级高
购买的必然理由 未被满足的需求 高效的解决方案 优于现有解决方案		X		
市场容量 当前市场规模 预期增长			X	
经济可行性 利润（价值和成本） 用户的购买力 用户黏性			X	
综合潜力			X	

挑战

挑战	低	中	高	超级高
实施障碍 产品开发的难度 销售和分销的难度 筹集资金的挑战性		X		
获利周期 产品开发时长 产品准备就绪与市场准备就绪之间的时长 销售周期				X
外部风险 竞争威胁 第三方依赖性 产品接受障碍				X
综合挑战			X	

根据综合等级将每个创业机会贴到吸引力 地图的相应位置。

奥格瑞创始人想要评估的最后一个创业机会是为汽车提供预测性维修方案——通过向汽车制造商提供“奥格瑞内部安装设备”。

这个创业机会具有“超级高”潜力，同时也具有“超级高”挑战，最突出的两个问题是实施障碍和极长的获利周期。

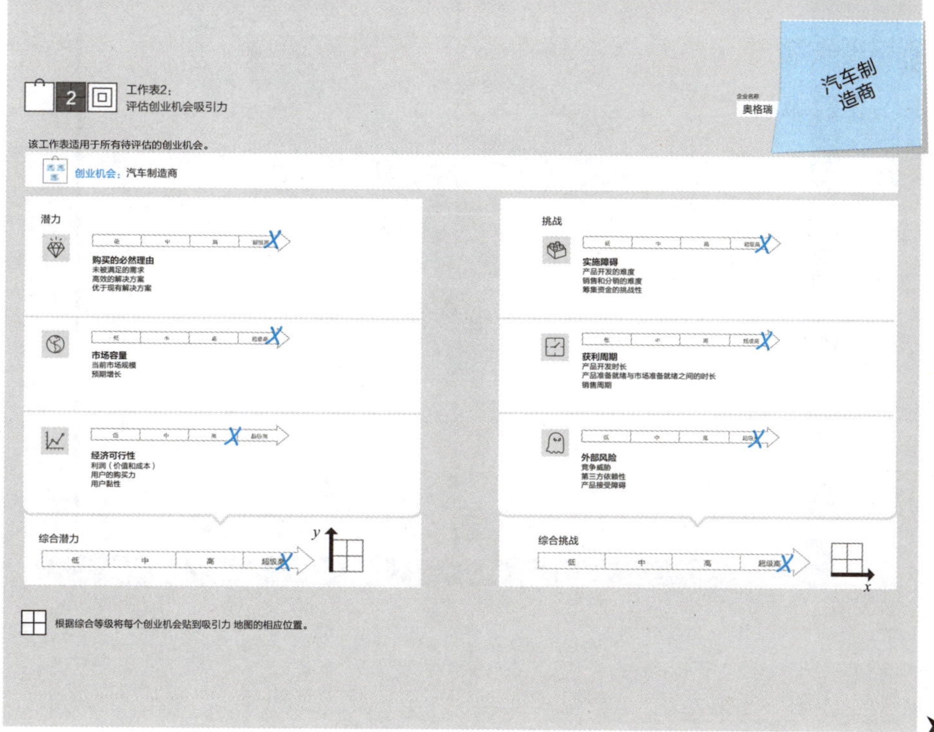

现在，奥格瑞团队参与学习和评估过程可以利用吸引力地图直观地总结出来。通过这张地图，他们可以捕捉每个机会的绝对和相对优劣势。

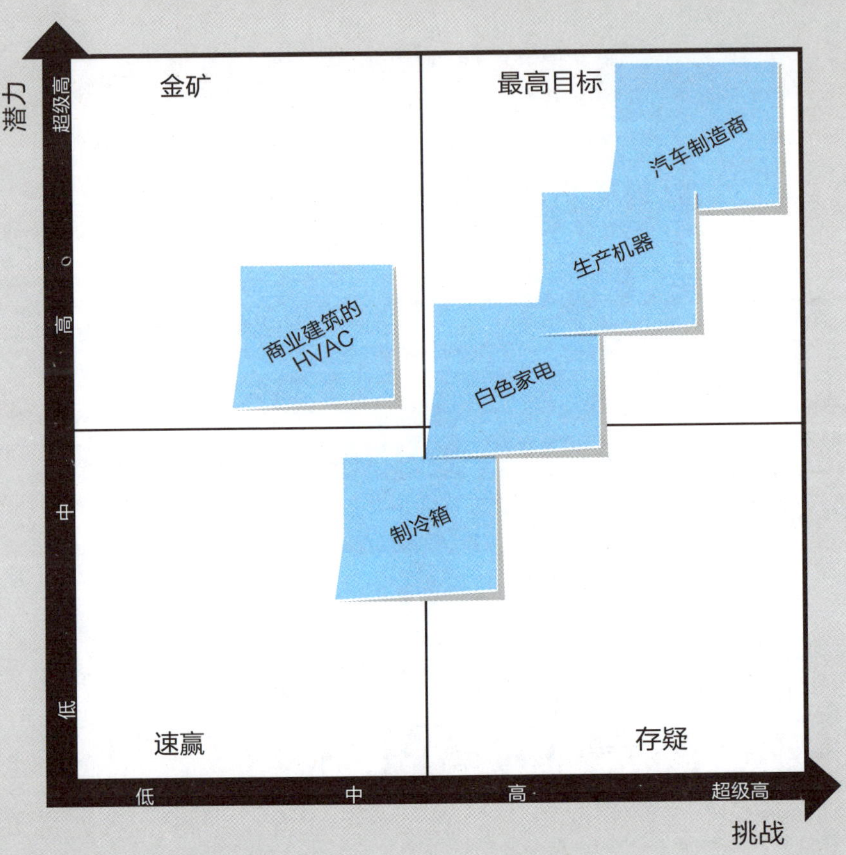

潜力
超级高
高
中
低
金矿
最高目标
汽车制造商
生产机器
商业建筑的HVAC
白色家电
制冷箱
速赢
存疑
低
中
高
超级高
挑战

我们能够从吸引力地图上学到什么

吸引力地图旨在帮助你选择最佳的创业机会。如上所述，它帮助你了解每个创业机会本身及其与其他创业机会的联系。因此，它能够为你面对的发展可能性提供至关重要的看法！

分析每个创业机会

逐一去看每个创业机会的位置，你可以更清晰地掌握它们的优劣势并做好取舍。

分析创业机会集合

纵观整张地图，你可以看到，与其他机会相比，每个机会是处于优势还是劣势，以及所有创业机会在地图上如何分布。虽然极具吸引力的创业机会预示着优质的目标创业机会，但比较理想的状态还是四个区域均衡分布，保留其他创业机会可以起到平衡主要创业机会劣势的作用。

优先选择主要创业机会

缩小地图观察每个创业机会，放大地图观察整个创业机会集合，通过这种方式你可以获得重要信息，选出优质的创业机会——你将全力坚持实施的创业机会——主要创业机会。这个选择是你制定敏捷聚焦战略的第一步（将在下一章做详细描述）。

重塑创业机会，改变其在吸引力地图上的位置

创业机会的特征并非一成不变。你可以改变它们，让这些机会变得更具吸引力并且/或具有较小的挑战。最重要的是，通过重塑创业机会，你可以改变其在吸引力地图上的位置。所以，不要等其他人去“动你的奶酪”——自己动手！

重塑一个创业机会，改变其在地图上的位置，需要你用全新的视角去看这个创业机会的优劣势及未开发的潜力。以下方式已经过实践检验，有助于你重塑创业机会，最终在创业机会集合中创造出更多的“金矿”。

提高创业机会的“潜力”

通常来讲，一个不理想的等级预示着较低的（预期）市场需求。它可能是因为你所要解决的“痛苦”并不强烈，也可能是面对这种“痛苦”的用户并不多。处理这种情况的一个方式就是换个角度去考虑你的市场，用不同方式重新细分市场，这样，你所瞄准的（细分）市场的需求量可能会增大。例如，如果你旨在为医院提供环境监测解决方案，你可以把这个市场分为私立医院和公立医院，也可以根据医院里具体部门的规模再进行细分。

降低创业机会的“挑战”

在努力从一个创业机会中获得价值的过程中，可能会出现很多障碍阻止你前进。这些障碍可能是开发或推广产品/服务过程中的主要困难，也可能是商业环境中的主要风险。努力思考你可以采取哪些措施消除这些风险或解决这些障碍，降低价值获取挑战的难度。其中一个方式就是寻找可以帮你克服劣势的战略伙伴或盟友。例如，与价值链上的另一名参与者合作来应对产品开发过程中的挑战，降低你对第三方的依赖或缩短获利周期。

? 常见问题

这些是创业机会评估过程中唯一考虑的因素吗？还有其他因素吗？

你完全可以想到，未在工作表 2 中列出但又可以影响创业机会吸引力的其他因素有哪些。工作表 2 是一个综合因素列表，涵盖了大多数案例中需要考虑的关键因素。如果你确实认为需要注意其他因素，那可以在识别创业机会潜力或挑战的综合等级时自行加入那些因素并对其分配权重。注意，还会有另外一些因素，它们不会影响创业机会的两个方面，但可能会影响你的选择，例如，你自身的价值观、目标和激情。我们会在下一章对这些因素做进一步说明，下一章我们将要讨论如何选择你的主要创业机会。

我的目标是能够快速退出，在这种情况下有些因素是不同的——那我应该怎么办？

一般情况下，你应该根据既定目标对创业机会进行评估。我们的评估因素组合是在一个主要的目标下设定的，这个目标就是要建立一个不断发展的成功企业并顺利将发明创造商业化。如果你建立企业的主要目标是能够快速退出，那么要评估的因素可能会随之改变。所以，在评估创业机会的潜力和挑战时，根据你的目标，自行增加或调整某些因素。如果你这样做了，一定要保持一致性，并且要在相同因素的基础上对所有创业机会进行评级。

创始人在特定市场领域里的先前经验是一个非常重要的因素，为什么它没有体现在评估过程中？

在特定市场领域里的先前经验是一个强大优势。你已经具备了用户亲密度，能够更清楚地了解他们的需求及如何接触这些用户，而且你很可能已经具有了在市场中建立生态系统的良好关系网络。先前经验的影响反映到创业机会中就是较低的价值获取挑战。因此，先前经验本身并不是一个评估因素，但会影响你对其他重要因素的评级。

是否可以评估和对比不同的市场领域，而非细分市场？

正如前文所提到的，我们把这种想法称为“大洲和国家”的关系。在这种情况下，大洲就代表了广阔的市场领域，如医疗设备或监控等。大洲里的国家就是此领域里的具体细分市场，如医疗领域里的心脏科医生或放射科医生等。有时，初始决策首先要求对宽泛的领域（大洲）进行评估。虽然利用工作表 2 可以对市场领域的吸引力进行评估，但只有在这个领域里的细分市场里才有价值。如果不同的细分市场间存在很大差异，那么市场领域的平均等级很可能会导致不客观的结论。

我们的机会涉及双边平台，如何对其进行评估？

在一个双边平台模式里，如 AirBnB 主要通过使两组不同的用户进行直接互动来获取价值。这样的“市场”平台在服务双方群体时产生费用，而收入也是来自双方（尽管一方有时会得到补助）。为了在多边平台上获得成功，你需要确保能够向每一边都提供价值，能够克服服务每一边用户过程中遇到的困难。因此，我们建议你利用工作表 2 对不同类型的用户分别进行评估，然后综合这些评估得出创业机会的最终等级。在这种情况下，综合等级确定的最合理的方式就是在潜力和挑战这两个方面都取最低等级。

社会企业是否同样能够利用工作表 2？

利用工作表 2 完成的评估判断了一个机会选项的经济潜力。但社会企业旨在实现经济收益的同时也产生社会效益。因此，这类创业机会的潜力应该从两个方面进行判断：预期的经济效益和预期的社会效益。评估这类机会选项时，我们建议你在潜力方面加入另一个因素：这个机会解决社会问题的程度及产生的社会效益。同样，挑战方面可能涉及获得社会效益的特殊因素。总之，一定要保证一致性，在相同因素的基础上对所有创业机会进行评级。

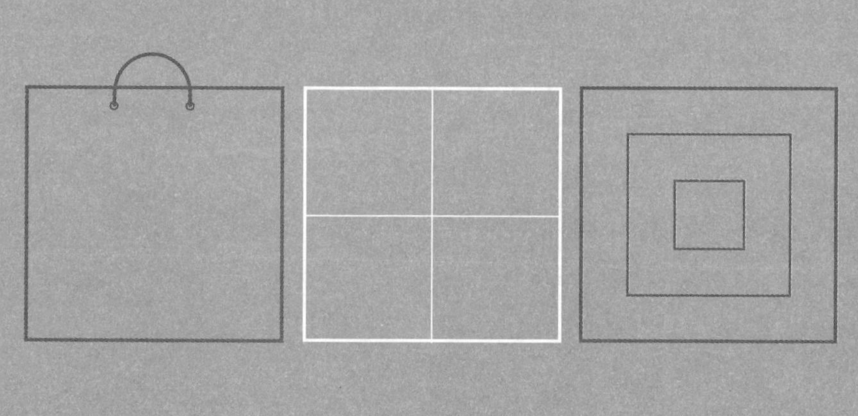

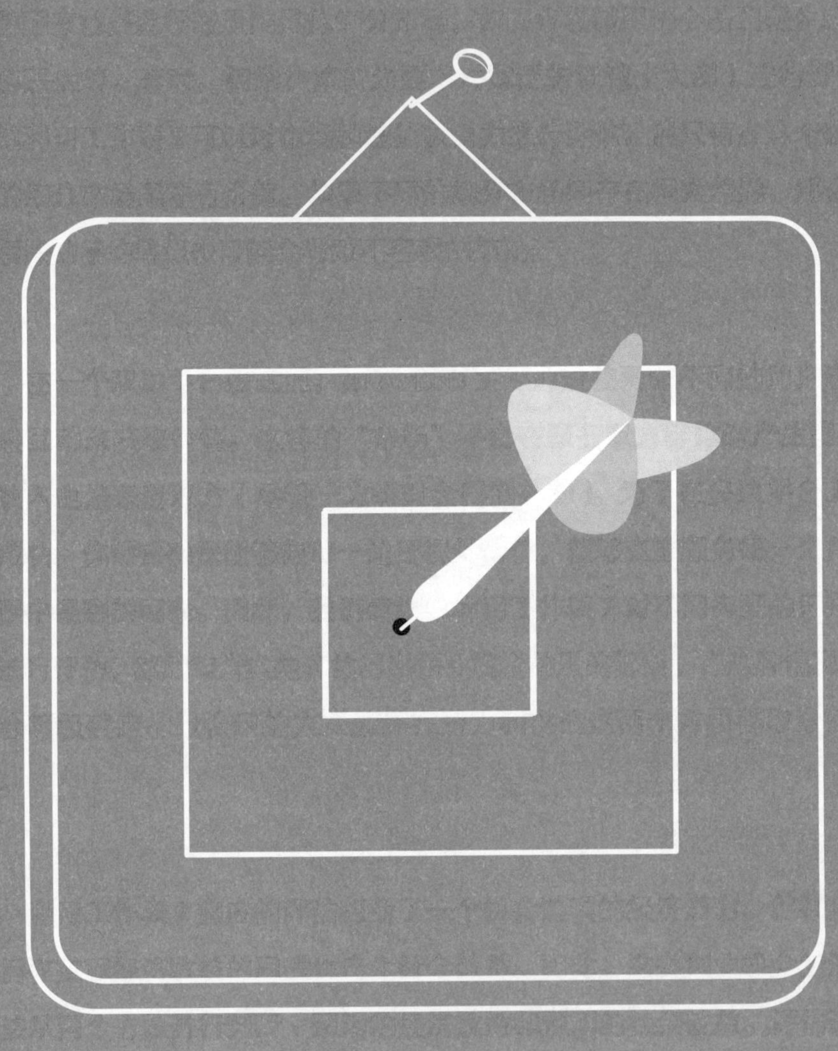

2.3 敏捷聚焦标靶

新创业机会的发现及其评估对你来说是一个非常重要的学习过程。因此，慢慢来——它可能会用上几周的时间，甚至更久。但总有一刻需要你做出决策。

你应该关注哪些创业机会

这将是商业化过程中你要做出的最基本的决策之一：它不仅是推动市场和价值创造的关键，同时也塑造了你正在建立的企业的“DNA”。

但有一点需要我们注意：尽管这个选择至关重要，你也尽了最大的努力为发明创造找到“最肥沃的土壤”，但你仍然可能需要调整你的选择！这就是创新：由于决策的不确定性，你要接受“变化可能就是最终结果”的事实，并且做好准备！换句话说：做好迎接一切不可预见事件的准备……

所有这一切在实践中意味着什么

明智的创业机会战略的制定需要考虑以下两个主要方面：

1　**哪些是你应该聚焦的最具吸引力的创业机会?**

2　**你如何同时保持聚焦、敏捷和开放态度?**

利用敏捷聚焦战略，你可以综合以上两个方面制定出最优战略，在商业化过程中获取最大价值。

敏捷聚焦战略：聚焦和敏捷的结合

敏捷聚焦战略通过对其他创业机会持有的开放态度，可以平衡聚焦和敏捷之间的紧张关系：用最小的付出降低风险、提高价值。

而且，这个战略可以让你充分利用资源和能力，对其进行更有效的分配，避免陷入可能会导致你失败的死局。不要被困！

敏捷聚焦战略对你如何建立和设计企业有着重大影响。它能够让你聚焦于最具吸引力的创业机会，同时又对其他机会保持敏捷。

如何同时实现敏捷和聚焦

有很多措施能够让你对其他机会保持开放态度，并在培养你的敏捷性的同时又推动你在最具吸引力道路上保持聚焦！而且，你可以开发让自身更具敏捷性的资源和能力。例如，开发便于重组的模块化技术，抛出更广泛的知识产权（IP）或选择可以重新定位的品牌。这些措施无须过多的投入，但却能够让你的企业在面对变化时变得更强大。不需要损害最具潜力的创业机会。

在创业机会的地形图上，一座山代表一个潜在机会选项，敏捷聚焦战略能够在你目前正在攀爬的山和周围的山之间架起“桥梁”，若改变发生，你需要重新攀登一座山时就不必从山脚爬起了。

在创业过程中，对机会选项保持开放态度类似于实物期权分析：相对较小的投资赋予你在未来进一步实施这个机会的权利，而非义务。

敏捷聚焦战略建立在实物期权理论的基础上。实物期权理论是在不确定条件下的策略研究的过程中形成的。

研究观点

实物期权理论涉及实际资产中的投资分类，在结构上类似于金融期权。就像是金融期权购买合同代表的是未来购买标的资产的权利，而非义务；投资实物期权意味着只有在条件有利的情况下，未来才有继续投资的机会。如果进一步的投资不理想，失败成本仅限于创造实物期权的成本。[1]

那么高度聚焦又如何呢

创业者经常会被建议：必须保持高度聚焦，否则就会失败。其他人提出这条建议的理由很明确：小型企业拥有的资源有限（如有限的人力和资金），所以这类企业不应该将资源过于分散使用。

虽然这种说法本身没有问题，但它忽视了敏捷的重要性，而敏捷又是在不确定条件下运行的关键。事实上，我们对 500 多家新创企业进行的全面研究明确显示了高度聚焦的利弊。

1 To find out more take a look at: *Strategy Through the Option Lens: An Integrated View of Resource Investments and the Incremental-Choice Process*/ Bowman & Hurry (1993); A *Real Options Logic for Initiating Technology Positioning Investments*/ Rita McGrath (1997); Investment Under Uncertainty/ Dixit & Pindyck (1994)

研究观点

创业者应如何保持聚焦和敏捷之间的微妙平衡？出于对这个问题的好奇，我们在过去十年中研究了 500 多家新创企业。[1]

- ☐ 多数企业都会改变最初的市场选择，所以学会如何平衡聚焦与敏捷至关重要。
- ☐ 对于多数企业来说，高度聚焦于一个创业机会并不会有回报！有意对相关创业机会保持开放态度是提高敏捷性和获得成功的关键。
- ☐ 可以同时选择实施多个联系紧密的（不需要创业者进行大量的额外投资或付出额外精力）创业机会——在市场存在很多不确定性的情况下提高成功率。

TripAdvisor 的创始人之一史蒂芬 · 考夫（Stephen Kaufer）在给创业者的建议中强调了高度聚焦的不足之处：

> ……如果你只聚焦于一件事，拒绝考虑其他内容，那么当事情不按计划进行时你很可能不具备随机应变的敏捷性。这就是老生常谈的道理：事情总是在变化。[2]

1 *Market Entry Decisions, Emergence Processes & Adaptation in New Organizations*/ Tal, Gruber & de Haan (Dissertation Technion)

2 *Founders at Work*/ Jessica Livingston (2008)

如何设计敏捷聚焦战略

由工作表 2 完成的评估和吸引力地图是设计敏捷聚焦战略的基础。它向你展示了全部机会选项的绝对和相对吸引力所在。这个重要信息有助于你选择主要创业机会——也是你全力坚持实施的机会。

但是，制定明智战略的基础有两点，一是找出最具吸引力的机会，二是要创造出与上述机会相关的机会组合以提高敏捷性。所以，你需要从创业机会集合中至少选择一个备选项和一个发展机会选项。

备选项是一个具有吸引力的创业机会，但其不承担与主要创业机会相同的主要风险。它可以让你在必要时改变方向。

发展机会选项是一个可以让你不断创造新价值的具有吸引力的创业机会。

理想状态下，备选项和发展机会选项应与主要创业机会联系紧密：产品和市场的关联性让你能够充分利用现有资源、能力和人际关系——用最小的付出，最大限度地增加你创造的价值，平衡风险。对备选项和发展机会选项保持开放态度（在必要时选择实施它们），或者你现在就可以选择它们，与主要创业机会并行。这一投资决策取决于坚持这两个机会选项所需的额外付出，以及它们对企业生存或事业成功的重要影响。

这个设计过程的结果就是敏捷聚焦战略：它明确说明了你的（多个）主要创业机会、作为备用或发展的机会选项及目前搁置起来的、在这个阶段并不使用的机会。

你可以利用敏捷聚焦标靶描述你的战略。

雷德 · 霍夫曼（Reid Hoffman）是领英（LinkedIn）的创始人之一和执行董事长，也是格雷洛克合伙人风险投资企业（Greylock Partners Venture Capital）的合伙人。在《给创业者的建议》这篇论文中，他强调了备选项的重要性：

……你总是强调在哪张牌上下了赌注，以此展现在整个牌局里的聚焦性。但要知道你也需要表现出一定的敏捷性。

不要只说你有五个不同的机会选项，而要说你正在实施某个机会选项，手里仍有一些备用或机动选项。

例如，如果利用我现在具备的知识去做 2004 年的 B 系列投资介绍（Series B pitch），那我会强调领英的创业定位是改革招聘行业，将它从被动张贴模式改为主动搜索模式。然后在陈述中，我会着重介绍利用领英平台我们还可以改革其他行业。

投资 A，却是 B 展示了我们可以控制那个风险。

投资者会很欣赏这种做法，因为你明确了合理范围内的风险，说明了如果计划不能按预期进行，你的应对措施是什么。[1]

利用企业的敏捷聚焦战略可以轻松评估创业机会并对其进行分类，所以，一张有关创业机会的清晰地图不仅有助于你平衡风险，也有助于应对随时出现的新机会。

1 To find out more take a look at: www.reidhoffman.org/485-business-and-entrepeneurship/2135-linkedin-s-series-b-pitch-to-greylock

速成方法

设计敏捷聚焦战略是创业机会导航的最后一步，而且这个战略是整个过程的主要成果。利用敏捷聚焦战略，你可以在聚焦于最具吸引力创业机会的同时增强自身的敏捷性以应对各种不确定的因素。而且要注意，敏捷聚焦不仅是一个战略，还是一种思维模式。我们建议你在创新的初始阶段就采用这种思维模式。

首先，这种思维模式包含了认知弹性。它不仅指资源和能力的敏捷性，而且涉及它们为不同市场的需求服务的能力。它还指你对备选机会、对改变或调整的开放程度和接受程度。这一点很重要，因为认知刚性让你无法“倾听”市场和快速适应变化，企业的前程也可能由此葬送。对备选项和发展机会选项保持开放态度，设计一组敏捷的机会组合，有助于你建立和保持你和团队的认知弹性，不管你是否真的会选择实施这些选项。

敏捷聚焦的思维模式也意味着不仓促制定聚焦战略。虽然很多说法都强调了从一开始就要保持聚焦的重要性，但敏捷聚焦也指要充分调研和熟悉不同的创业机会后再慎重做出决策！不要急于扩大规模，因为你很可能选错机会。

你还是需要制定你的聚焦战略。这不是一项简单的任务，难度最大的部分是弄清楚不应该做哪些事情。放弃一些有潜力的机会通常是最痛苦的，但如果你具备了敏捷聚焦的思维模式，整个过程就变得不那么具有挑战性了。

到目前为止，“完美”创业机会还未揭晓。而且，很有可能是你还没有找到自己要聚焦的“完美”创业机会，因为“完美”创业机会本身就很稀少。但是你已经考虑了所有重要因素，调动了手头的所有信息，制定了暂时的最优战略。不管出于何种原因，如果经验证这是错误的决定，那你也应该做好随时改变和调整的准备。

工作表3：设计你的敏捷聚焦战略

根据你的主要创业机会，建立相关的敏捷创业机会集合，降低风险、提高价值。

I 选择你要聚焦的主要创业机会（根据吸引力地图）。

II 从组合中挑选其他具有吸引力的创业机会，识别潜在的备选项和发展机会选项。

与主要创业机会的关联性：

产品关联性
产品之间在以下方面的共享程度：
技术能力、必备资源、必要的人际关系网络

市场关联性
用户之间在以下方面的共享程度：
价值和利益、销售渠道、口碑

适合：

备选项
其他具有吸引力的创业机会，不承担与主要创业机会相同的重大风险，可以进行方向上的改变。

☐ 备用

发展机会选项
可以给你的企业创造新价值的具有吸引力的创业机会。

☐ 发展

III 设计你的敏捷聚焦战略：

- ☐ 至少挑选一个备选项和一个发展机会选项
- ☐ 确定是否有任何机会选项需要现在就实施
- ☐ 搁置其他机会选项

现在实施 | 保持开放态度 | 搁置

在敏捷聚焦标靶上制定你的战略。

企业名称

日期

☐ 备用	☐ 备用
☐ 发展	☐ 发展

现在实施	保持开放态度	搁置	现在实施	保持开放态度	搁置

工作表 3：

设计你的敏捷聚焦战略

利用工作表 3 设计你的敏捷聚焦战略。具体来讲，在完成主要创业机会的选择后，根据机会的吸引力及其与主要机会的关联性，它会协助你找到最佳的备选项和发展机会选项。

下一步，你需要确定将对这些机会选项做什么样的动作：是现在就选择实施它们，与主要创业机会并行，还是对其保持开放态度（也就是未来可能会选择实施）？这个过程的结果就是你的敏捷聚焦战略，其可以呈现在敏捷聚焦标靶上。

> **如果未能明确主要创业机会，那么，每个潜在主要创业机会就应该对应一张独立的工作表。这种情境设想的方式能够最终确定你的战略！**

设计敏捷聚焦战略的第一步就是要选择你的主要创业机会。一旦识别出了主要创业机会，你就可以开始计划备选项和发展机会选项的敏捷组合了。

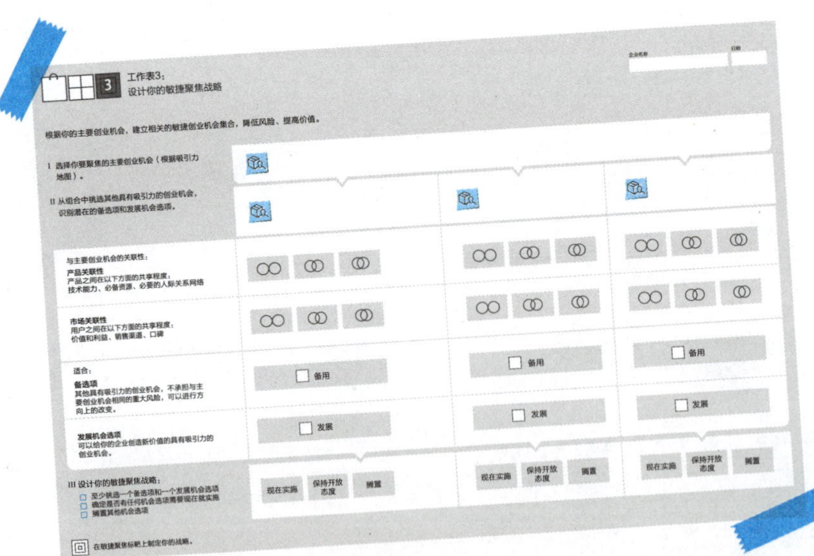

3 工作表3：设计你的敏捷聚焦战略

企业名称 日期

根据你的主要创业机会，建立相关的敏捷创业机会集合，降低风险、提高价值。

I 选择你要聚焦的主要创业机会（根据吸引力地图）。

II 从组合中挑选其他具有吸引力的创业机会，识别潜在的备选项和发展机会选项。

与主要创业机会的关联性：

产品关联性
产品之间在以下方面的共享程度：
技术能力、必备资源、必要的人际关系网络

市场关联性
用户之间在以下方面的共享程度：
价值和利益、销售渠道、口碑

适合：

备选项
其他具有吸引力的创业机会，不承担与主要创业机会相同的重大风险，可以进行方向上的改变。

发展机会选项
可以给你的企业创造新价值的具有吸引力的创业机会。

☐ 备用 ☐ 备用 ☐ 备用

☐ 发展 ☐ 发展 ☐ 发展

III 设计你的敏捷聚焦战略：
- ☐ 至少挑选一个备选项和一个发展机会选项
- ☐ 确定是否有任何机会选项需要现在就实施
- ☐ 搁置其他机会选项

现在实施 | 保持开放态度 | 搁置（×3）

在敏捷聚焦标靶上制定你的战略。

第一步：选择主要创业机会

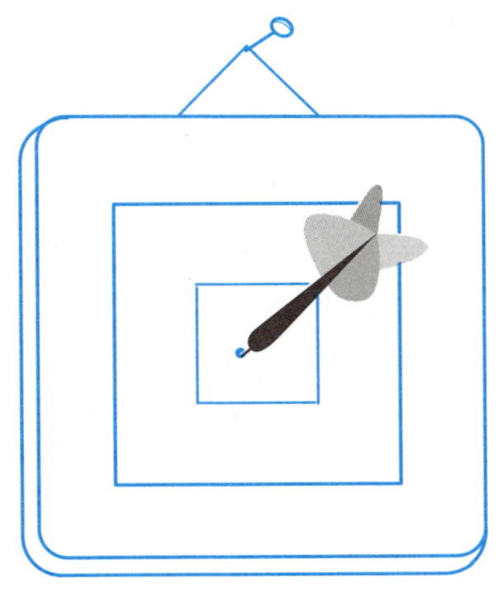

主要创业机会是你准备聚焦的选项，也是将全力实施的选项。为征服这个机会，你会利用大量的资源和能力。

手里握着几个不错的创业机会，那种感觉就像是进了一家糖果店，所有糖果看起来都色彩缤纷、美味可口，但如果你想要全部吃掉，那只能适得其反。因此，你的挑战便是自我控制，选择出最美味的糖果。你无法同时实施过多的创业机会，否则只能顾此失彼……

选择主要创业机会有时就是一个简单、直接的决定，但有时又会让你陷入两难境地，因为你要被迫放弃其他看起来很好的机会，而又不确定哪个机会最终会赢得你的关注。

想要做出明智决策，**首先，你需要查看吸引力地图，利用在评估过程中收集的所有信息**。注意，在你的案例中，可能会存在特殊考虑因素，其未能反映在吸引力地图上，如个人喜好或股东利益等。

吸引力地图的考虑因素

通过对每个创业机会进行独立评估，根据吸引力地图提供的整体情况，你可以深入了解创业机会的优先顺序。根据它们的潜力等级和挑战等级，你可以对可选项进行对比，选出主要创业机会。

在某个机会选项比其他机会选项更具吸引力的情况下，地图能够提供一个比较清晰的答案，从而简化选择过程。但在其他情况下，机会选项在吸引力地图上的位置并不能直接提供答案。

以下是吸引力地图的常见模式，以及它们是如何影响主要创业机会的选择的。

1. 一个具有明显优势的机会

在只有一个机会位于金矿区域的情况下，你的选择相对简单。其他吸引力相对低的机会仍具重要性，因为它们可能会成为你的发展机会选项或备选项。

2. 对角线间取舍

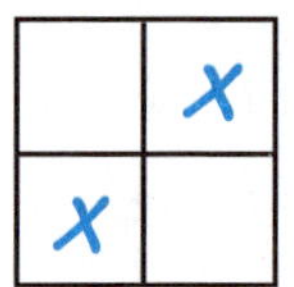

对角线间取舍是一个非常常见的模式，在这种模式下，你的机会选项分布在“风险—回报”对角线上：一些是位于速赢区域的“低风险—低回报”机会选项，一些是位于最高目标区域的“高风险—高回报”机会选项。在这种情况下，一个优质的创业机会并不能马上脱颖而出。相反，你可以首先选择相对较“小”的机会选项作为未来优质机会的垫脚石，或者你也可以第一步就直奔最高目标。与其他模式相比，这个选择取决于你的个人喜好、对风险的态度、股东的利益及手头已掌握或未来会获取的资源。

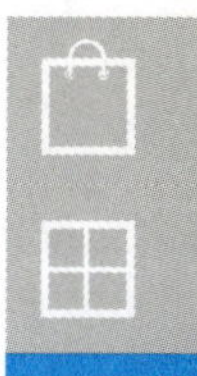

3. 位置相邻的机会选项

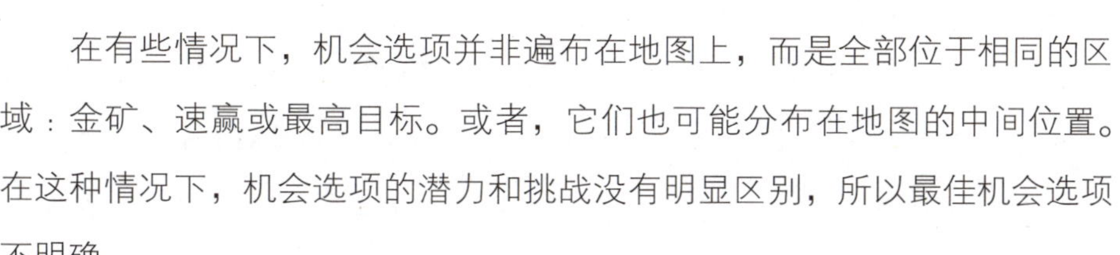

在有些情况下，机会选项并非遍布在地图上，而是全部位于相同的区域：金矿、速赢或最高目标。或者，它们也可能分布在地图的中间位置。在这种情况下，机会选项的潜力和挑战没有明显区别，所以最佳机会选项不明确。

在上述情况下，主要创业机会的选择主要取决于你的个人喜好和股东利益，或者工作表 2 中对你来说最重要的具体因素（如获利周期）。另外，一些机会选项可能会比其他机会选项的位置要优越，即使它们相距不远。所以，要选择希望相对较大的机会选项或你认为在未来可以变得更具吸引力的机会选项。

4. 不具有吸引力的机会选项

这种情况也会发生。在进行了全面深入的评估后，你可能会发现所有机会都没有足够的吸引力。如果所有机会选项都位于存疑区域，你可以选择下列做法之一：回到工作表 1，尝试找出新的创业机会；思考如何调整某个机会选项，改善其在吸引力地图上的位置。

虽然有时不可避免，但我们还是建议你不要选择位于存疑区域的机会选项作为主要创业机会。如果你准备选择这条异常艰难的道路，最终结果可能会辜负你的付出，一定要三思而后行。

其他考虑因素

根据机会的潜力和挑战，吸引力地图描绘了对创业机会的客观评估。但在选择主要创业机会时，还会有其他重要考虑因素需要你注意。

机会的个人匹配度

你（和团队）必须考虑这个机会是否符合你的个人喜好：价值观、激情、目标，甚至是你对冒险的态度。约翰·穆林斯（John Mullins）将团队使命、目标和风险倾向性视作评估创业机会的重要因素。[1] 因此，你在选择主要创业机会时，不仅是因为这个机会具有最高潜力或最低挑战，还要考虑你是否喜欢它，以及随着企业的发展壮大你是否会继续喜欢它。有些人把这个重要方面称为“产品 / 市场 / 创始人相匹配”：除创造出人们确实想要的东西外，成功的意义还在于做你自己真心喜欢的事情！

符合利益相关方的喜好

在选择主要创业机会时，你可能已有了主要的利益相关方。他们可能是当前的投资者、现有的合作伙伴等。他们的动机和喜好会和你有所不同，但仍要考虑他们的想法。例如，当前的投资者来自特定的市场领域，他们迫使你选择这个领域中的创业机会。如果你们双方的喜好不同，导航能够给你提供确凿的观点，帮助你将投资者的喜好引导至另一个市场领域。还有一种情况，投资者希望在相对较短的时间内得到投资回报，所以他们很看重“获利周期”，这会迫使你在某个特定的区域内选择机会。

资源限制

有时你必须先选择速赢机会，因为你没有足够的资源去实施更大、更具挑战性的机会。在选择主要创业机会时，一定要考虑你当前的经济实力和人力资源。

1 To find out more take a look at: *The New Business Road Test*/ John Mullins (2006)

何时才是做出这个决策的恰当时机

不要匆忙做出重要决策。留下充足的时间，发现不同方向的创业机会，尽可能深入地对其进行研究，否则你全力奔跑的方向到头来可能是错误的。由新创企业基因组（Startup Genome）近期所做的一项研究发现，74% 的互联网新创企业的失败原因是过早地扩大规模，也就是企业在没有证据证明其具有发展潜力的情况下投入了大量的资金和资源。而且，它们发现，新创企业验证所选市场的时长是大多数创始人预期的两到三倍。过低的估计造成了过早扩张的压力。[1]

留下充足时间，制定你的战略。但在某个时刻，你需要决定聚焦于哪个创业机会。你又如何判断时机已到?

当学习达到饱和状态时

在某个时刻时，你可能会感觉任何新信息对你来说都很熟悉。没有新知识出现了……这就意味着你的学习达到了饱和状态。继续守在学习阶段已毫无意义。但这并不是说你已经排除了所有不确定因素。有些问题仍存在，只是在这个阶段无法解答。虽然困难，但是时候做出决策了。

当你的资金（氧气）出现紧缺时

对于新创企业，资金就像氧气。当筹集资金时，你需要选出主要创业机会。大多数投资者想要看到的是一个清晰的战略，根据你最初想要实施的机会及未来将要探索的其他机会，投资者决定是否投资你的企业。

当你必须投资品牌创建时

通常，一个企业的品牌表明了它的市场和功能，如 GetTaxi。投资品牌发展需要大量的资源，改变品牌名甚至需要得更多……所以，一旦要创立品牌，你首先要清晰了解你的主要创业机会和敏捷聚焦战略。或者，采用一个更宽泛的品牌名（如亚马逊），这样的品牌名有随时调整的敏捷性。

1 To find out more take a look at: *Startup Genome Report Extra on Premature Scaling*/ Startup Genome (2011)

关于制定决策的几点建议

不存在“完美”创业机会

创业机会的特征各不相同，所以你很有可能找不到“完美”创业机会。它们都会有优劣势。有一些机会具备的优势会高于劣势，但很少有“完美”创业机会选项。在你认清这个现实、了解了你将要面对的不利条件后，做出决策就相对简单了。

这是团队决策

创业机会导航的最大价值之一就是，它可以让你和团队用简单明了的语言讨论选择创业机会时的所有重要因素。创业机会导航就是你们的沟通工具！团队讨论可以引发不同的观点，并考虑其他人的个人倾向。而且，共同做出的决策可以提高团队的士气，全力投入企业创建中并取得成功。

回到奥格瑞的案例：

奥格瑞的吸引力地图上有五个机会选项。现在应该决定选择哪个作为主要创业机会了。这是个有难度的决定：每个机会选项都有自己的优劣势。

仔细观察吸引力地图后发现，制冷箱对于企业来说新意不够，而汽车行业又跨度较大。商业建筑的 HVAC 系统似乎是唯一位于金矿区域、最具吸引力的机会选项，特别是在获利周期这个因素上——这是团队非常重视的因素。

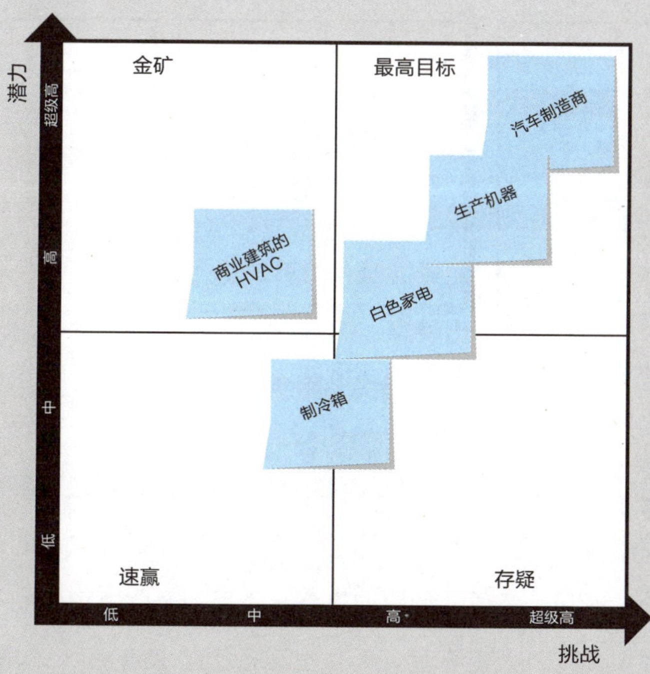

创始人决定首先聚焦于为大型商业建筑的 HVAC 系统提供预测性维修解决方案。

让我们再来看一个案例，在这个案例中，所有机会选项都紧密分布在地图的中间位置。KalOptics是一家位于美国的新创企业。该企业的技术提供了一种用于捕捉、控制、编辑拟真纹理材料的方式，这种方式不仅便于使用、成本低，而且可以使电脑打印出的3D图像高度还原原图像。

KalOptics的产品可适用的市场包括电影中的视觉效果、动画和游戏、广告商及设计师（用于改进室内设计师、服装设计师、建筑设计师和工业设计师的拟真效果图）。经过对这四种不同创业机会的深入分析发现，它们之间的潜力和挑战等级相差不大。换句话说，尽管每个机会选项都有其优劣势，但它们却紧密分布在吸引力地图的中间位置。

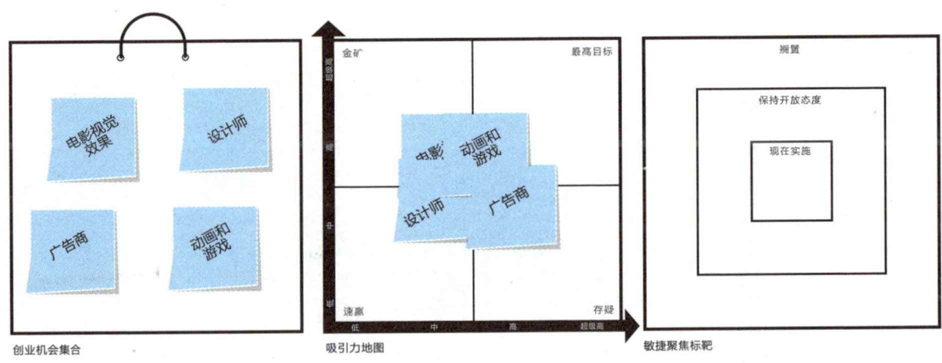

在这种情况下，这个视觉地图无法为选择最具吸引力的机会提供所需的优先排序。所以，我们有必要再回到工作表2，利用工作表2中的细节更详细地区分各机会选项。在KalOptics这个案例中，经过对创业机会的评估和与潜在用户的交流，他们明确了一点：电影的视觉效果的市场，虽然不是最大的，但却是最适合创业的机会，就目前来看，电影制片厂会在电影的视觉效果上投入大量资金，而且也准备接纳KalOptics的解决方案了。他们也可以作为应用这种先进技术的“领先用户”，这样其他行业就可以以他们为标准寻找相同的解决方案了。因此，KalOptics决定把电影制片厂作为最初的目标市场。

完成对主要创业机会的选择后，你需要将它标记在工作表3中的上半部分。接下来，你需要选择备选项和发展机会选项。

第二步：查看备选项和发展机会选项

敏捷聚焦战略的主要目标是用最小的付出来平衡你的风险、提高价值。

为了实现这一点，你需要选择至少一个创业机会作为你的备选项，一个创业机会作为你的发展机会选项，建立以主要创业机会为核心的敏捷机会组合！

有了**备选项**，你可以及时调整方向。它回答了这个问题：**如果我们没有成功，那接下来我们该怎么做？**

有了**发展机会选项**，你可以创造新的价值。它回答了这个问题：**如果我们成功了，那接下来我们该做什么？**

为了识别备选项，你需要再次回到吸引力地图及工作表 2 完成的评估上。选择其他具有吸引力的创业机会——你认为可以作为备选项、需要继续查看细节的机会——并将它们放在工作表 3 的指定位置上。

有时，你还可以考虑最初没有列入机会选项组合中的新的创业机会。在明确了主要创业机会后，这些与其紧密联系的新的创业机会的魅力就会逐渐显现出来。如果出现了这种情况，你可以对这些机会选项进行分析，可以将其作为敏捷聚焦组合的备选项，但不要忘记把它们放到你的创业机会集合中，因为需要对它们进行新的评估。

接下来，你需要确定这些机会选项与主要创业机会的关联度，以及它们是否适合成为你的备选项或发展机会选项。它们与主要创业机会的关联度越高，把它们作为备选项或发展机会选项时你就会越轻松。

评估与主要创业机会的关联度

两个创业机会的关联度意味着，为一个机会选项开发的资源、能力和人际关系网络可以有效应用到另一个机会选项上并取得成功。

在围绕主要创业机会建立敏捷组合时，备选项和发展机会选项与主要市场的关联度越高越有利，这一点很重要。在这种情况下，坚持实施备选项或发展机会选项所需的新的付出就会相对较少。

为了评估将资源和能力从一个机会选项转换到另一个机会选项的能力，你需要考虑两种关联类型：产品关联度和市场关联度。

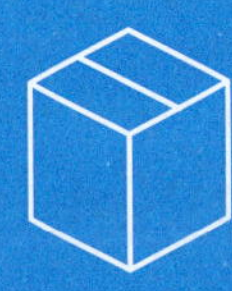

产品关联度

开发两种产品所需的资源和能力的相似程度。

市场关联度

两种产品的营销和分销所需的资源和能力的相似程度。

两种关联类型同等重要。但是，大多数创业者都倾向于考虑产品关联度，而忽视了市场关联度。事实证明这是一个严重的错误，因为要在“遥远的”或不相关的市场中立足需要巨大的付出，这是小型企业无法承受的。

评估产品关联度

产品（或服务）的开发需要特定的能力、资源和人际关系网络。

想要确定与主要创业机会相关的产品和与潜在备用/发展机会选项相关的产品这两者之间的关联度，你需要考虑以下问题：

这两种产品在以下方面的相似度：

技术能力

（例如，产品的功能和特点依赖于类似的技术，有着共同的制度要求）

必备的资源

（如员工、生产设备、知识产权等）

必要的人际关系网络

（如供应商、合作伙伴或价值链上的其他成员）

产品的综合关联度可以按照以下三个等级进行评定：

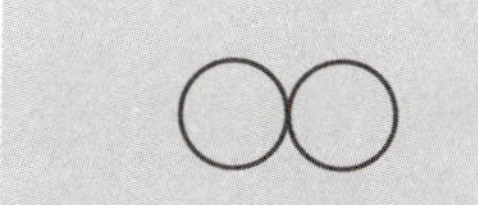

产品无共同点
无关联

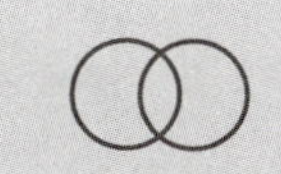

产品有某些共同点
一定程度的关联

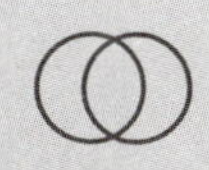

产品有很多共同点
高度关联

评估市场关联度

相邻市场的用户根据相似的价值做出购买决策，从相同销售渠道购买及在做出购买决策时相互参考。

为了解主要市场用户和潜在备用/发展机会选项用户之间的关联度，你需要考虑以下问题：

这两个用户群在以下方面的相似度：

价值和利益

（例如，从一个市场到另一个市场，你都可以利用你的品牌和声誉）

销售渠道

（例如，在两个不同市场中，你可以使用相同的销售渠道）

口碑

（例如，用户在一个市场中的满意度可以对另一个市场中的产品起到推广作用）

市场的综合关联度可以按照以下三个等级进行评定：

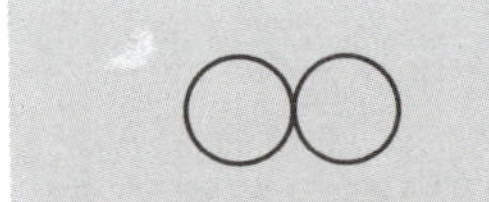

用户无共同点
无关联

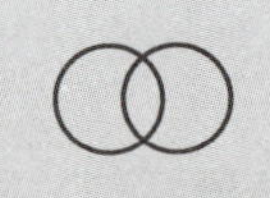

用户有某些共同点
一定程度的关联

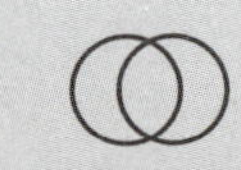

用户有很多共同点
高度关联

利用工作表 3 中对潜在备用/发展机会选项和主要创业机会间的关联度进行评估。

杰弗里 · 摩尔（ Geoffrey Moore ）的保龄球瓶战略模型

Crossing the Chasm 和 *Inside the Tornado* 这两本书讲述了高度创新产品的推广。在这两本中，摩尔提供了一种跨越鸿沟的模型，通过逐一攻下各个利基市场，实现从初期市场到主要市场的跨越。他把这种模型称为“保龄球瓶战略”，因为这种战略模型是通过先攻下一个目标市场来占领相邻的各个利基市场，由此达到扩大市场的目的的。在他的模型中，相邻市场的基础是利用“整套产品”（例如，向不同用户提供相关的产品）或利用用户的喜好（例如，向相关的用户提供不同的产品）。[1]

这与我们提出的产品关联度和市场关联度的概念类似。从本质来看，摩尔的一系列利基市场的作用与我们的发展机会选项的作用相似：利用现有资源和能力，增加企业的经济收益。

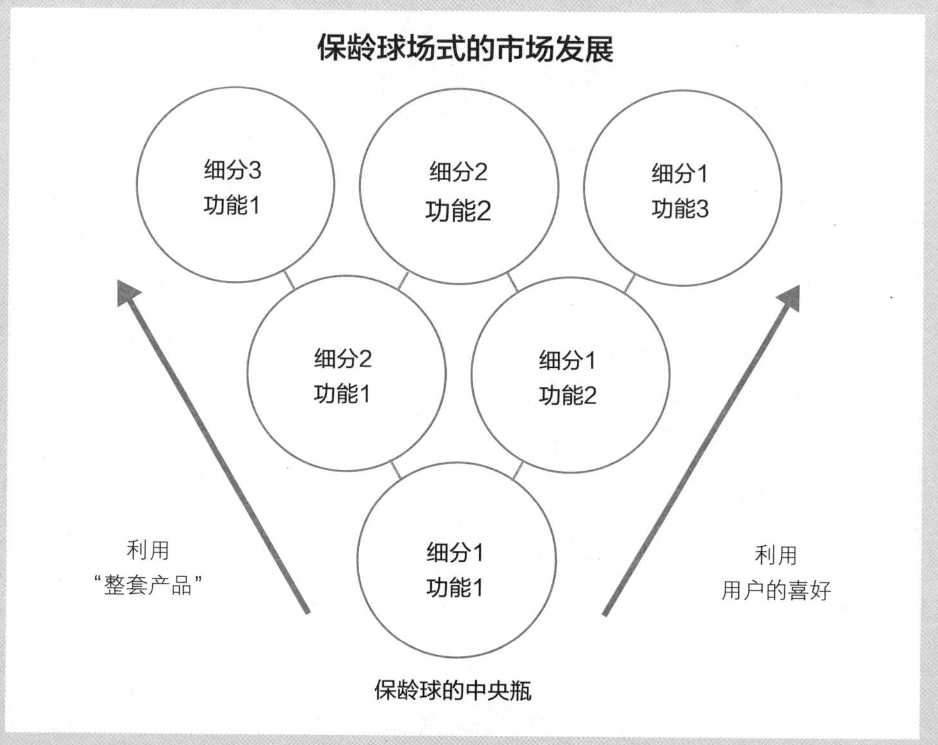

1 To find out more take a look at: *Crossing the Chasm*/ Geoffrey Moore (1991); *Inside the Tornado*/ Geoffrey Moore (1995)

奥格瑞的主要创业机会选定后，下一步就需要考虑他们的机会组合及设计敏捷聚焦战略。生产机器市场是需要进一步识别的极具吸引力的备选项。而从目前来看，汽车和白色家电市场似乎不适合刚刚起步的企业，制冷箱这个机会好像价值也不高。

但是，在关注了商业建筑的 HVAC 系统市场后，又有另外两个新机会博得了眼球：商业建筑的电梯和住宅建筑的 HVAC 系统。这两个机会明显与企业的主要关注点紧密相关（正如杰弗里·摩尔的保龄球瓶模型），可以作为备选项或发展机会选项。

	住宅建筑的HVAC系统	商业建筑的电梯	生产机器
产品关联度			
市场关联度			

监测住宅建筑中的 HVAC 系统所需的解决方案与监测商业区域的 HVAC 系统所需的非常相似。尽管产品价格必须更低，但产品关联度却很高。然而，这两个市场只在一定程度上有所关联，因为住宅并不一定要依赖相同的服务供应商，所以口碑和营销需要更多的付出。

商业建筑里的电梯却有相反的情况：产品有相似点，但也要求具备更多的能力，因为这个产品市场需要遵守一定的规章制度。但由于使用两款产品的用户可以是相同的用户，所以两个市场是高度关联的。

至于生产机器，它们的产品和市场只有一定程度的关联。了解了这些后，哪些机会适合作为发展机会选项，哪些机会适合作为备选项，一目了然。

哪些创业机会适合作为备选项

备选项就是你的“B 计划”。在初始机会实施不顺利的情况下，你可以利用备选项改变发展方向。埃里克 · 莱斯会用“轴心转动”这个词语来描述重新调整战略方向的情况，也就是以一条腿为轴线、身体转向另一个新的方向，它主要指战略上的改变。[1]

这就意味着一旦战略发生改变，你就必须要充分利用你的知识和能力。备选项应该是与主要创业机会联系最紧密的具有吸引力的机会。但是，因为它们会成为你的 B 计划，所以备选项不能与主要创业机会承担相同的主要风险或依赖于相同的主要假设。简而言之，即使在实施主要战略的过程中失败了，你也能够在备选项上成功。

利用吸引力地图和在工作表 2 中完成的所有评估，思考主要创业机会承担的主要风险和可能遇到的障碍，并与其他机会进行比较。例如，如果主要创业机会的成功很大程度上取决于规章制度，那备选项就应该不受这种规章制度的限制。

熟知主要创业机会的弱点和主要风险，这一点非常重要，否则在遇到问题时你很可能会猝不及防。选择一个合适的备选项，平衡可能出现的问题，你就可以自如地应对风险了。

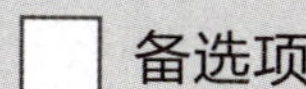

在工作表 3 的指定位置标记适合作为备选项的机会。

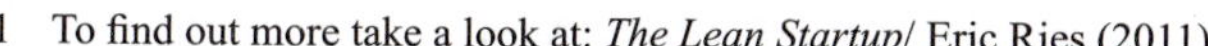

1　To find out more take a look at: *The Lean Startup*/ Eric Ries (2011)

哪些创业机会适合作为发展机会选项

发展机会选项可以让你提高价值创造潜力。在主要创业机会的潜力较低的情况下，你可以同时实施发展机会选项和主要创业机会选项，或者如果你愿意，还可以选择在未来实施发展机会选项。

但不管在什么情况下，你所寻找的机会选项都应该是具有高吸引力（如“高”潜力、“低”挑战），以及与主要创业机会联系最为紧密的机会，这样，在实施发展机会选项时你才不必付出更多的努力。把发展机会选项看作通向成功的战略路线图。例如，如果选择速赢的机会作为初始目标，那你的发展机会选项就应该是最高目标机会。

例如，面向大众市场且价格适中的特斯拉电动汽车就是一个典型的发展机会选项，埃伦·穆斯克（Elon Musk）（特斯拉的创始人之一兼首席执行官）最初选择的是豪华跑车市场。

☐ 发展机会选项

查看所有机会，在工作表 3 的指定位置标记一个或更多适合作为发展机会的选项。

> 有时，一个创业机会既可以作为你的备选项，又可以作为发展机会选项。如果创业机会集合中包括一个与主要创业机会联系紧密且具有吸引力的机会，而又与主要创业机会承担不同的主要风险，那这个机会就既可以作为备选项，又可以作为发展机会选项。在这种情况下，你就不需要再选择两个不同的机会了。

对于奥格瑞来说，在成功实施主要创业机会（商业建筑的HVAC系统）后，住宅建筑的HVAC系统选项和商业建筑的电梯选项都是不错的发展机会选项。

但是，主要创业机会的主要风险是对于用户来说解决方案不够有价值，因为奥格瑞必须首先让用户了解这款产品的性能优势。

如果这个问题最终会影响奥格瑞的成功，那它可以改变方向，选择为生产机器提供预测性维修这一解决方案，对于这个领域来说，产品价值更大。因此，生产机器可以作为奥格瑞的备选项。

商业建筑的HVAC系统

	住宅建筑的HVAC系统	商业建筑的电梯	生产机器
产品关联度			
市场关联度			
备选项	☐ 备用	☐ 备用	☑ 备用
发展机会选项	☑ 发展	☑ 发展	☐ 发展

有些机会可以同时作为备选项和发展机会选项。KalOptics 就是一个例子。

企业决定首先聚焦于力求创造高端视觉效果的电影制片厂。而动画制片厂也需要类似的产品，在做出购买决策时会参考电影制片厂。因此，它们自然就可以作为发展机会选项。

然而，设计师和广告商的市场要求一个更简单的产品，受电影行业影响不大。它们无须承担捕捉现实生活或运动对象的技术风险，主要市场的低采用率也不会影响其成功。因此，这两个机会都可以作为发展机会选项或备选项。

凯尔光学的发展机会选项和备选项是市场推广计划的基础，同时，如果事情没有按原计划进行，它们还具备抵御风险的能力。

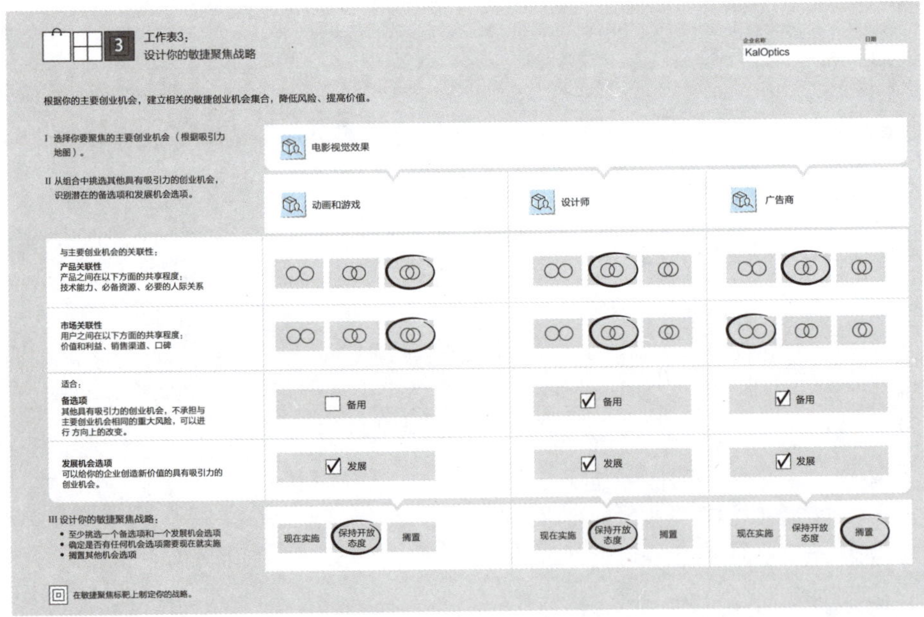
3 工作表3：
设计你的敏捷聚焦战略

企业名称 KalOptics 日期

根据你的主要创业机会，建立相关的敏捷创业机会集合，降低风险、提高价值。

I 选择你要聚焦的主要创业机会（根据吸引力地图）。 电影视觉效果

II 从组合中挑选其他具有吸引力的创业机会，识别潜在的备选项和发展机会选项。	动画和游戏	设计师	广告商
与主要创业机会的关联性： **产品关联性** 产品之间在以下方面的共享程度： 技术能力、必备资源、必要的人际关系			
市场关联性 用户之间在以下方面的共享程度： 价值和利益、销售渠道、口碑			
适合： **备选项** 其他具有吸引力的创业机会，不承担与主要创业机会相同的重大风险，可以进行 方向上的改变。	☐ 备用	☑ 备用	☑ 备用
发展机会选项 可以给你的企业创造新价值的具有吸引力的创业机会。	☑ 发展	☑ 发展	☑ 发展
III 设计你的敏捷聚焦战略： • 至少挑选一个备选项和一个发展机会选项 • 确定是否有任何机会选项需要现在就实施 • 搁置其他机会选项	现在实施 / 保持开放态度 / 搁置	现在实施 / 保持开放态度 / 搁置	现在实施 / 保持开放态度 / 搁置

在敏捷聚焦标靶上制定你的战略。

第三步：确定你的敏捷聚焦战略

到这一步时，你已选出了主要创业机会，也完成了对不同备选项和发展机会选项的评估，接下来，你需要最后确定敏捷聚焦战略。这时需要做出以下两个决策：

- □ 在已经完成评估的创业机会中，哪个可以最终作为你的备选项和发展机会选项?
- □ 你计划在这些机会选项中投入多少精力?

做出以上两个决策后，你就能够确定哪个创业机会适合：

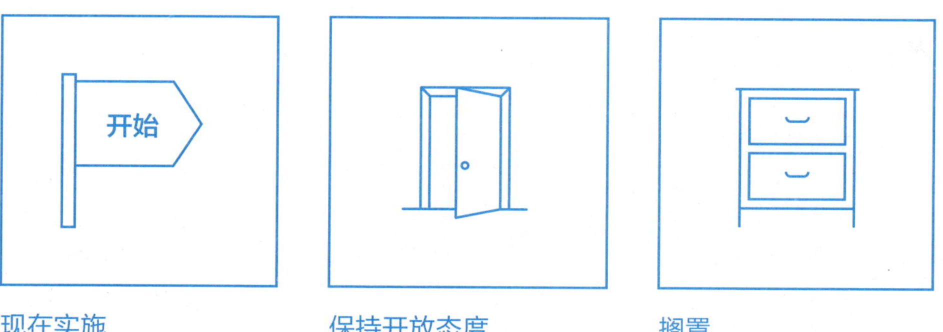

综合所有重要的考虑因素后，你可以实现制定敏捷聚焦战略的意义了：聚焦于最具吸引力的创业机会的同时保持敏捷。

选择你的备选项和发展机会选项

为了设计一个权威又有潜力的敏捷聚焦战略，你需要选择至少一个备选项和一个发展机会选项。它会让你做好准备，应对不确定的未来！

如果你有多个机会适合作为发展机会选项或备选项，选择你认为最符合要求的机会。你也可以对多个机会选项保持开放态度，但代价就是分散注意力和资源。事实上，对于一个小规模企业来说，对一个机会选项保持开放态度需要较少的投入，而对很多机会选项保持开放态度需要太多的投入，这对你和你的团队成员来说也是一种负担。

如果你有多个备选项，那选择备选项和发展机会选项就会有些难度，很难做出取舍。

吸引力和关联度

有些机会选项更具吸引力（如“高”潜力和“低”挑战），但与主要机会的关联度不大，反之亦然。在这种情况下，就是高吸引力的益处与低关联度的成本之间的抗衡。

关联度和风险平衡

高度关联的机会选项一般会承担相似的风险，而低关联的机会选项的风险会较为分散。因此，与主要创业机会关联度不大的机会选项能够更好地平衡主要风险。

为了做出明智的决策，一定要注意对立面的权衡。

备选项和发展机会选项上的投入

敏捷聚焦战略建立在实物期权理论的基础上，需要你对备选项和发展机会选项保持开放态度。如果条件变得更有利，那在以后实施这些机会选项时你会有更充分的准备。

对机会选项保持开放态度

总的来说，对某个机会选项保持开放态度意味着你在这个机会上分配较少的注意力和资源。你要保证它“活着”，确保这条道路的畅通。你可以这样做：

及时掌握最新信息

首先，你要投入一定的资源和关注，掌握这个特定市场的最新信息：发生了什么？是否有新的趋势？新产品？新竞争者？等等。通过相关的市场调研、行业报告、参观商展或与市场中关键人物保持联系等方式，了解上述内容。这种想法就是让你抓住行业的脉搏，保持及更新对市场的了解。

开发敏捷的资源和能力

其次，因为你已经识别了备选项或发展机会选项，所以你有机会向着更敏捷和更坚定的方向开发你的资源和能力。不要把自己局限于某一特定区域，开发你的资源和能力，让它们可以轻松适应变化的环境。

例如，可以克服技术上的挑战，开发一款专门适用于你的特定产品或服务的解决方案。在这种情况下，投入额外的精力去开发一款更宽泛的解决方案是值得的，同时可以作为未来做出选择时的基础。知识产权又是另一个例子。当你申请专利时，确保未来所做的选择与你申请的专利相关。

制定合适的身份

组织身份是一个很重要但又经常在新企业创立过程中被忽视的一个因素。它关系员工、用户和投资者如何看待企业及回答了如下问题：“我们是谁？”“我们要做什么？”“我们在未来要成为什么？”身份的说明定义了组织的核心内容，其包括组织的意识形态、管理哲学及文化等。[1]

身份是持久并难以改变的。因此，经理们在开发他们的组织身份和定义品牌时，应该考虑开放的机会选项。

对现在实施的机会选项保持开放态度并不会威胁聚焦主要市场的能力，因为它要求你给予极少的关注。

把资源分配看作从“无”到“很多”的连续过程：保持对某一机会选项的开放态度要在“无”之上，通常要求你投入 5% ~ 10% 的时间和注意力。

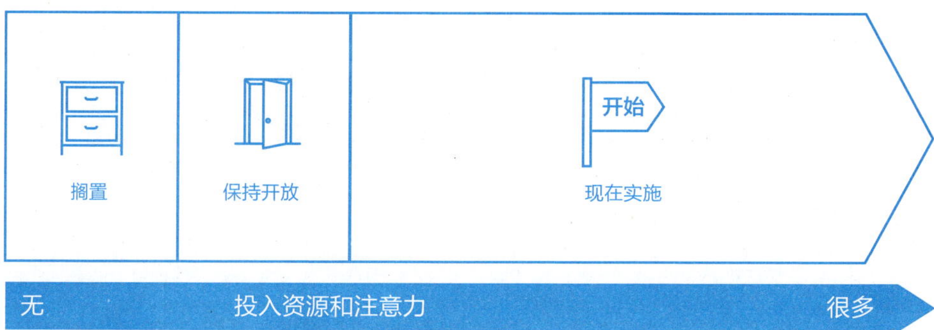

你还可以选择在对机会选项保持开放态度上投入多一些的资源。这与发展机会选项关系较大，因为你可能会选择现在就实施发展机会选项，与主要创业机会并行。

1 To find out more take a look at: *Organizational Identity*/ Albert and Whetten (1985)

现在就实施这些机会选项——并行

主要创业机会与发展机会选项并行意味着你要对资源和注意力进行分配，以同时进军两个市场，为了同时获得成功还要开发必备的技能和学习专业知识。

由于小型企业的人力和资金有限，所以这种方式对其有较大挑战。管理层的注意力和时间总是有限的，可能会过于分散。然而，在某些情况下，并行战略益大于弊，可以改进结果。

研究观点

在我们的一项调查研究中，我们查看了 300 多家科技型新创企业的战略及其三年后的业绩。

我们想要了解，尽管资源有限，在什么样的条件下（如果有），新创企业选择同时实施一个以上创业机会可以产生更高的业绩。

研究结果显示，在市场不确定性非常高的情况下，也就是创始人在一个用户需求不明确而又能轻易转化成产品的新市场中运营时，并行战略可以产生高业绩。在这种情况下，采取并行战略的新创企业的业绩要高于只实施单一创业机会的新创企业。[1]

1 To find out more take a look at: *Experimentation, Uncertainty, and the Performance of New Technology Ventures*/ Tal, Gruber & de Haan (Dissertation Technion)

以下两个主要考虑因素可以指导你做出决策——是对机会选项保持开放态度，还是当下就让它与主要创业机会并行实施。

1 这个机会选项对提升企业的业绩有多关键？如果你的主要创业机会风险高、不确定性高，或者如果它的价值创造潜力并非很理想，那你可以通过采用并行战略来提高收益、降低风险。

2 这个机会选项与主要创业机会的关联度如何？因为同时实施多个机会会牵扯大量的精力，所以，并行战略只有在机会选项间联系紧密的情况下才可行，这种情况下，你可以充分利用你的资源和能力。

并行战略的一个典型例子就是 Camero——穿墙成像解决方案的提供者和先锋。Camero 的产品可以对隐藏在墙壁或屏障后的静止和运动中的物体进行实时观察。这个极具创新的解决方案适用于情报获取和战术应用，使用对象可以是军队，也可以是执法人员。虽然这两个市场都有巨大潜力，但企业面对的主要挑战是如何接触这些用户，以及如何承受长期的、复杂的销售过程。

为平衡这种风险，Camero 的经理决定同时进入这两个市场：军用和警方。这两个市场要求的产品比较类似，而且这两方都要依靠政府预算，有着相同的价值和口碑，所以市场的关联度很高。这种较强的关联度让 Camero 可以采取并行战略，用最小的付出最大地提高价值、降低风险。

在这个过程的最后一步，你应该清楚哪些创业机会是你的备选项和发展机会选项，以及你计划在每个机会选项上投入的精力是多少：你现在是要与主要创业机会并行、全力实施这些机会选项，还是对其保持开放态度、只投入有限精力？

如何处理其他创业机会

敏捷聚焦战略已形成。但我们还需再讨论一件事情：对于你已进行了评估但没有被选为主要创业机会或备用 / 发展机会选项的其他创业机会，应该如何处理?

不要放弃它们，先将它们“搁置”起来——在未来，这些创业机会可能会成为非常有价值的机会选项!

创业机会的搁置

搁置一个创业机会意味着暂时对其不采取任何行动。

你要记得这些机会的存在。在之前描述的“资源分配”过程中，搁置的机会选项位于最左边，因为它们不需要你付出任何精力。

例如，适合搁置的机会选项就是那些目前来看市场领域差距过大的机会，可能是与你所选的方向有很大不同，也可能是时机不对。

但这些机会在未来可能变得相关，可能由你来实施，也可能授权给他人。幸运的是，你不需要支付存放“租金”，创业机会可以搁置任意时长。

在工作表 3 的底部，你可以得出最终决策：你现在要实施哪个（些）机会选项?对哪些持开放态度?要搁置哪些机会选项?

祝贺

你现在已经可以在敏捷聚焦标靶上描述你的战略了!

奥格瑞在这个市场领域迈出第一步后，他们就开始有意识地决定对发展机会选项和备选项保持开放态度了。

他们发现，与商业建筑经理和服务供应商越熟悉，就越能准确地评估这些机会选项。所以，在时机到来时，他们就已准备好迎接调整或变化了。

商业建筑的HVAC系统

	住宅建筑的HVAC系统	商业建筑的电梯	生产机器
产品关联度			
市场关联度			
备选项	☐ 备用	☐ 备用	☑ 备用
发展机会选项	☑ 发展	☑ 发展	☐ 发展
	现在实施 保持开放态度 搁置	现在实施 保持开放态度 搁置	现在实施 保持开放态度 搁置

他们还决定搁置机会组合中的其他所有创业机会，因为这些机会与他们已选定的方向相差较大。

成果——敏捷聚焦标靶

现在你已经可以在创业机会导航中描述你的敏捷聚焦战略了。利用标靶标记你的主要创业机会选项、备选项或发展机会选项及搁置起来的机会选项。

> **如果你决定同时实施两个机会选项，那么将它们放在标靶的中心位置。**

你可以利用敏捷聚焦标靶对战略进行描述，与团队成员、员工和其他股东进行讨论。它从各个方面影响着你建立和发展企业的方式。这些影响将在下一章进行详细讨论。

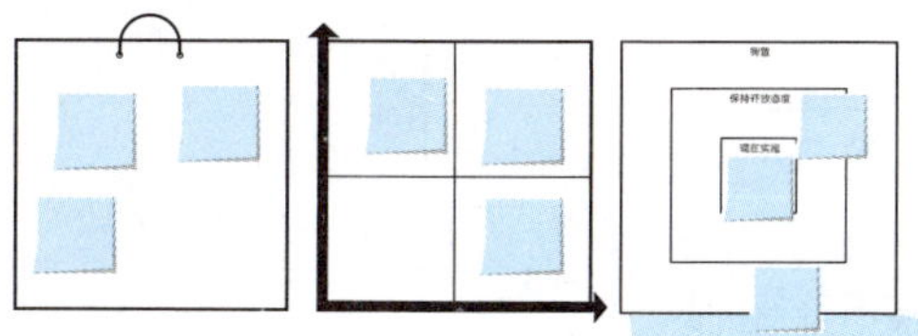

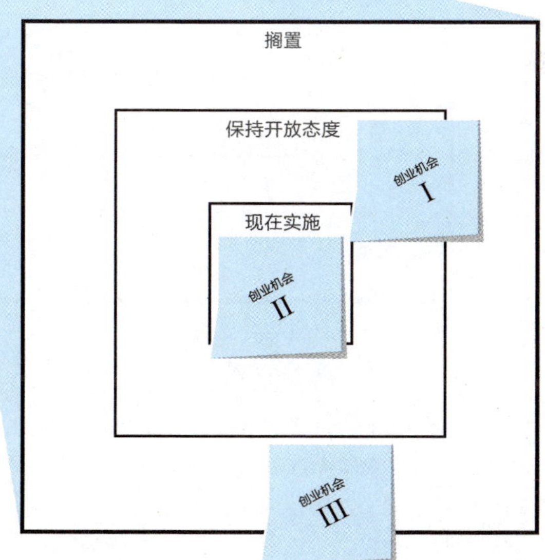

最后，奥格瑞的敏捷聚焦战略终于形成：他们将聚焦于商业建筑的 HVAC 系统市场，对一个备选项（生产机器）和两个发展机会选项（住宅建筑的 HVAC 系统和商业建筑的电梯）保持开放态度，暂时搁置其他所有创业机会。

他们的战略在敏捷聚焦标靶上描述为：

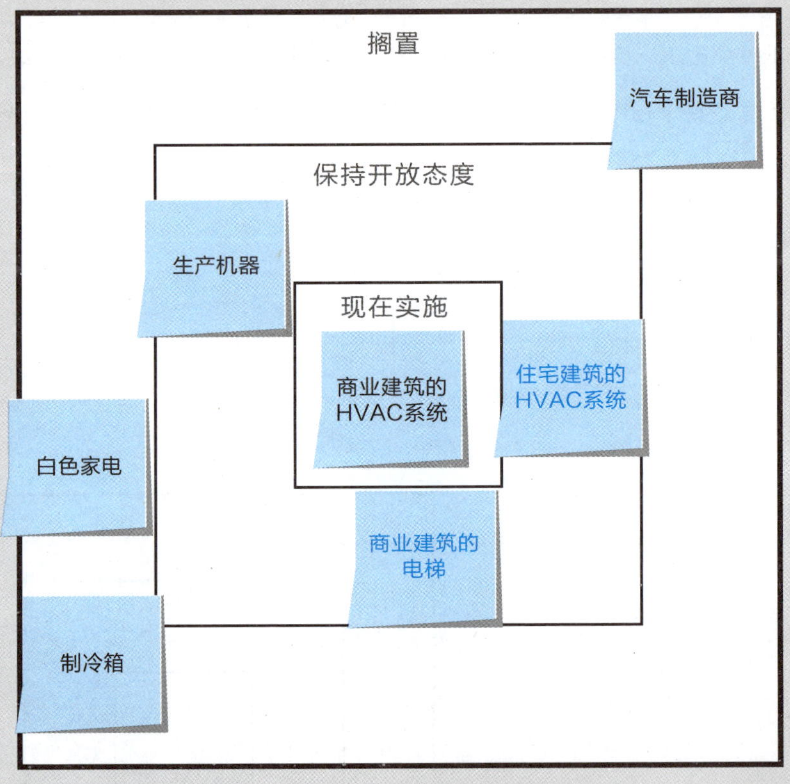

注意，两个发展机会选项用了不同颜色进行标记——只是为了对未评估的新创业机会进行视觉上的区分。它们也被加入到了创业机会集合中，但需要放到吸引力地图的指定位置上。

导航是一个动态工具，在学习和知识积累的过程中，可以随时对这些机会选项进行增减。

KalOptics 的创始人也在标靶上描述了他们的敏捷聚焦战略。他们不仅选定了主要创业机会、保持开放态度的机会选项，还计划了市场开发策略：首先从电影制片厂入手，然后逐渐进入动画和游戏市场，最后设计市场、广告市场暂时搁置。

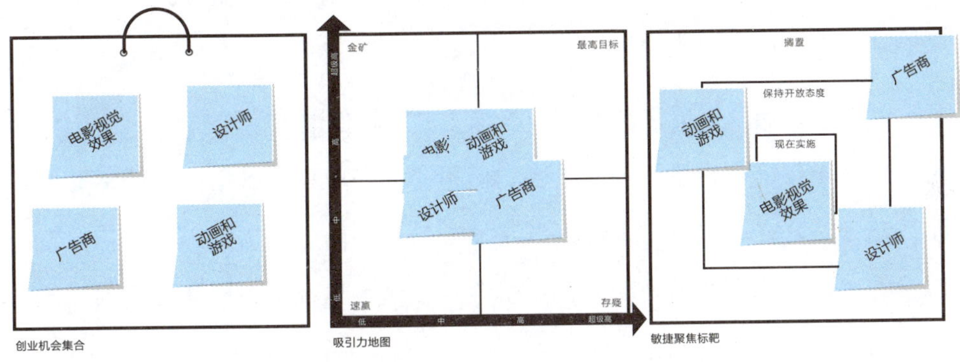

? 常见问题

如何确保敏捷聚焦战略不会分散我们的注意力?

合作过的很多创业者都向我们展示了聚焦和分散的界线。根据敏捷聚焦战略，你要有意识地将聚焦点放大，以提高你的敏捷性。但在这个过程的最后阶段，你明确定义并说明了聚焦战略，所以不要担心会走错方向。记住，在聚焦过程中最难的部分就是决定不做什么，而敏捷聚焦战略恰好准确地回答了这个问题。

战略确定后又发现了新的创业机会，此时我们该怎么做?

战略一旦确定，就不容易改变。但是，敏捷聚焦思维模式帮助你形成了认知弹性，在必要时可以做好调整的准备。在前进、扩大影响和获得新想法的过程中会不断出现新的创业机会。在这种情况下，你需要回到工作表 2 的评估过程，将新的创业机会放到吸引力地图上的适当位置。然后，慎重考虑这个机会是否需要你调整（部分）战略，不管这个机会是作为主要创业机会还是备用 / 发展机会选项。导航是你的学习伙伴，帮助你处理新的发展方向——一方面，不要仓促选定新方向，另一方面如果改变和调整可以改善你当前的状况，那应该勇于接受。

投资者一般只会投资聚焦于一个目标的新创企业。敏捷聚焦战略对于寻找投资是否有帮助?

投资者，特别是风投企业，会选择投资多个企业以对冲风险，只有在你的主要创业机会有足够吸引力时他们才会投资你的企业。不过，投资者也很清楚敏捷的重要性，非常愿意了解你的计划中的其他具有吸引力的机会选项，并且愿意了解你的企业是如何应对变化的。另外，投资者想要看到你有一个明确的战略。对潜在创业机会的犹豫不决会让投资者失去信心。使用导航，能够陈述战略决策背后的逻辑，清楚说明了你的战略。

利用无人机回顾整个过程

让我们来回顾如何应用导航的整个过程，将复杂的战略选择转变成结构化决策框架。以瑞士的 Flyability 为例。

Flyability 是一家位于瑞士的新创企业，隶属于洛桑联邦理工学院，它开发了一款防撞型无人机。这款无人机的独特之处在于它受安装在周围的网状物保护，可以在复杂和狭窄封闭的空间内飞行并与人保持联系。

那么，这款无人机应该应用到哪些领域呢？

答案有些让人眼花缭乱，因为有太多的机会选项。此时就是创业机会导航大显身手的时候了。

第一步：制定一个创业机会集合

首先要了解 Flyability 的核心技术。他们计划开发的这款无人机的周围安装有减震和轻便的保护笼，它可以在任何表面飞行或滚动，并且可以在不同温度下作业（从 0℃～50℃）。它可以通过视频屏幕进行手动驾驶，但由于电池电量有限，所以飞行时间相应也受限制。它带有自动、全面可调的成像系统，可以进行高清晰度的热感记录，即时传输到控制屏幕，由控制屏幕记录用以后期分析。

因此，Flyability 这款独特的无人机可以用于探测未知空间——不管这些空间有多复杂、多狭窄，由此也避免了人类进入到危险环境中。这些独特的功能可以应用到很多领域，如检测、监测、运输或娱乐等行业。

在早期阶段，团队确定了几个有潜力的应用领域，可以从一开始就带来真正的价值：复杂工业机器的检测、难以维护的基础设施的检测，以及安全或搜索和救援工作。正如工作表 1 给出的详细说明，这些应用会服务很多类型的用户。

在完成第一次粗略筛查后，Flyability 的团队决定进一步查看那些有可操作性且有室内导航需求（符合无人机初始预期的使用限制）的创业机会。

他们的创业机会集合包括五个机会选项：发电厂热采锅炉检测、核电站控制室检测、石油和天然气储存罐检测、船舶检测及警方的情报侦察。

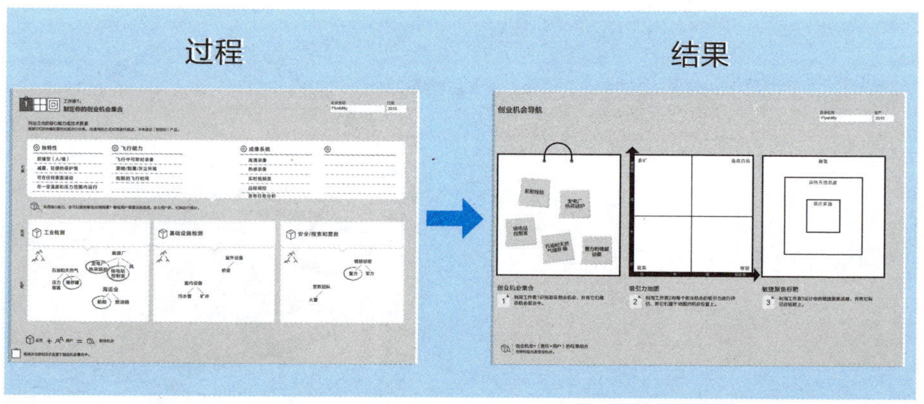

第二步：评估创业机会的吸引力

Flability 现在已做好准备进行第二步了。利用工作表 2，他们可以对这些创业机会进行评估，并将它们放到吸引力地图的相应位置上。

机会 1：
发电厂热采锅炉检测

发电厂利用热采锅炉在极端温度下将热能转换成电能。这些机器需要定期进行检测，这就意味着检测工人需要在高空作业，利用绳子、天梯或脚手架才能到达指定位置。所以，实施必要的安全措施，运输和安装检测设备及手动进行检测等是一个漫长的过程，并且还要付出关闭设备的代价……检测工人也要在高危环境下作业！利用防撞型无人机替代人工可以给这些工厂带来巨大的价值，无人机能够节省时间、降低成本及提高安全性。

以下是 Flability 对这个创业机会进行的评估。

潜力	挑战
无人机带来的独特价值创造了“超级高”的购买必然理由。市场规模本身就处于“高”的等级（世界上有大约 100 000 个工厂），由于较大的利润空间和较强的用户购买能力，因此这个机会有着非常高的经济可行性	企业已经掌握了开发这款无人机的核心技术，综合考虑了分销要求和销售周期后，实施障碍和获利周期预计等级为“中”。因为竞争产品有限且产品的成功也不依赖第三方，所以外部风险为“低”
潜力的综合等级为“高”	**挑战的综合等级为“低—中”**

总的来说，这个具有吸引力的创业机会应该置于吸引力地图上的金矿区域。

机会 2：核电站控制室检测

另一个创业机会是对核电站控制室的周围环境进行定期检测，这项工作不仅难度大，而且极具危险性。核电站的工作者非常愿意采用任何可以替代他们在放射性污染区工作的解决方案。

以下是 Flability 对这个创业机会的潜力和挑战进行的评估。

潜力	挑战
虽然这个创业机会的购买必然理由和经济可行性等级为“超级高”，但其市场容量却相对较低——世界上大概有 450 座核电站。	因为反射性的影响为未知，所以实施障碍可能为“超级高”。获利周期预计为“中”，而其竞争威胁和产品接受障碍较大，外部风险也相应被评定为相对“高”
潜力的综合等级为“中—高”	挑战的综合等级为“高”

总的来说，这个创业机会应该置于吸引力地图上的最高目标区域和存疑区域之间。

机会 3：石油和天然气储存罐检测

每隔几年，石油和天然气的生产商都要对巨大的储存罐进行全面的检测——这个程序包括防火管路检测、溢流保护检测、盖顶检测等。为了完成这项高难度的工作，检测人员必须进入巨大的储存罐内，在黑暗环境下作业！他们通常利用脚手架或绳子，不仅成本高，而且耗时长。通过利用防撞型无人机，石油和天然气的生产商可以大幅度地节省时间、降低成本和提高安全性。

以下是 Flability 对这个创业机会的评估总结。

潜力	挑战
无人机带来的价值创造了“超级高”的购买必然理由。市场规模本身的等级为“中”（因为对储存罐的检测主要由专业的检测企业进行），由于用户有较强的购买力，利润空间大，因此这个创业机会的经济可行性为“高”。	市场的主要挑战为要遵守在易爆环境下工作的规范。这就意味着实施障碍的等级为“高”，获利周期为“中—高”。外部风险也被预测为“中—高”，因为常规的无人机也能完成在大型储存罐里进行检测的部分工作
潜力的综合等级为“高”	**挑战的综合等级为“高”**

总的来说，这个创业机会应该置于吸引力地图的最高目标区域。

机会 4：船舶检测

为了保持许可证的有效性，船舶每五年就要进行一次检测。这些检测由专门致力于船舶安全航行和海洋环境保护的企业完成。检查范围包括船体的深、暗、密闭区域、甲板和大型储存罐。正如之前提到的，利用防撞型无人机替代人工可以给这些用户带来巨大的价值，节省时间、降低成本和提高安全性。

Flability 对这个创业机会进行的评估如下。

潜力	挑战
虽然购买必然理由和经济可行性的等级均为“超级高”，但是由于世界上专业企业的数量有限，所以市场容量就相对较低	因为这个市场要求导航具有高稳定性，所以实施障碍的等级为“中—高”。分销和销售相对简单、程序较少,所以获利周期为“中”。外部风险的等级为“中—高”，主要因为其对行业标准和规范的依赖性强
潜力的综合等级为“中—高”	挑战的综合等级为“中—高”

总的来说，这个创业机会位于吸引力地图中间偏右的位置——没有明确落在任何一个区域内。

机会 5：警方的情报侦察

一架能够靠近墙壁和人安全飞行的无人机，对于安全问题的解决来说，可能极具价值，尤其是在情报、监控和室内侦察等方面。警方在打击犯罪行为和恐怖活动时可以利用无人机拍摄的画面提高行动的成功率和保护专业人员的人身安全。

Flability 对这个创业机会进行的评估如下。

潜力	挑战
针对确实存在的未满足的需求，无人机可以提供有效的解决方案，因此，购买的必然理由为“高”。这个机会的市场容量为“超级高”，而经济可行性为“中”，主要因为用户的购买力和利润空间不确定	产品必须非常稳定，进入警方的采购渠道有一定挑战性。因此，实施障碍为“高”。根据较长的销售周期和培训时间，获利周期的评定等级为“超级高”。同时，由于“高”竞争威胁、“高”第三方依赖性和“高”接受障碍，外部风险等级为“超级高”
潜力的综合等级为“高”	**挑战的综合等级为“中—高”**

总的来说，这个创业机会位于吸引力地图的最高目标区域内。

评估完成后，Flability 就可以在吸引力地图上描述这五个创业机会了，可视化把评估和比较它们各自的吸引力。

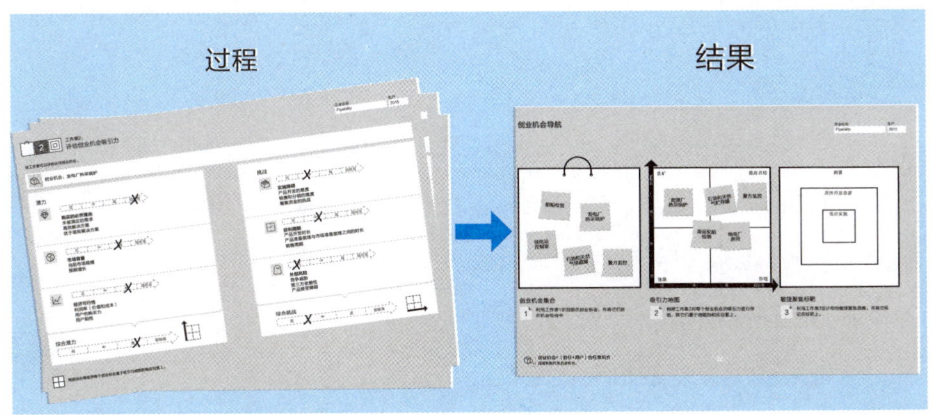

第三步：设计敏捷聚焦战略

接下来，Flyability 可以利用工作表 3 设计其敏捷聚焦战略并在标靶上进行描述。

吸引力地图表明，对于 Flyability 来说，**检测发电厂的热采锅炉**是当前阶段最具吸引力的创业机会。它为大容量市场提供了一个明确的价值主张，而且成功道路上的挑战也相对较少。因此，Flyability 决定将这个创业机会看作企业的主要创业机会。

识别了主要创业机会后，下一步就应该设计备用和发展机会选项的敏捷组合了，由此，Flyability 可以降低风险、提高其活动的价值。Flyability 有三个备选的创业机会：

石油和天然气储存罐的检测

产品具有一定程度的关联（要求它在易爆环境下工作），而市场的关联度较高，因为它们有相同的无损检测设备的销售渠道。总之，这个机会适用于未来发展，因此，要对其保持开放态度。

船舶检测

虽然需要一些改进，但产品的关联度还是较高的。然而，两种产品的相似之处还是很有限。总体来说，这个创业机会具有一定的吸引力，适用于未来发展，因此，要对其保持开放态度。

警方的情报侦察

这是关联度最低的机会。虽然产品有一定的相似性，但用户细分完全不同。用户并不看重相同的益处，也没有共同的销售渠道或口碑。总之，这个创业机会承担的风险与主要创业机会不同，因此，可以作为备选项。Flyability 对其保持开放态度。

核电站控制室检测

这个机会将暂时搁置。因为它需要在放射性污染环境下作业，具有独特的挑战，而且这个机会的市场容量较低，是最没有吸引力的机会选项。

Flyability 的敏捷聚焦战略已经确定，可以在标靶上进行描述。

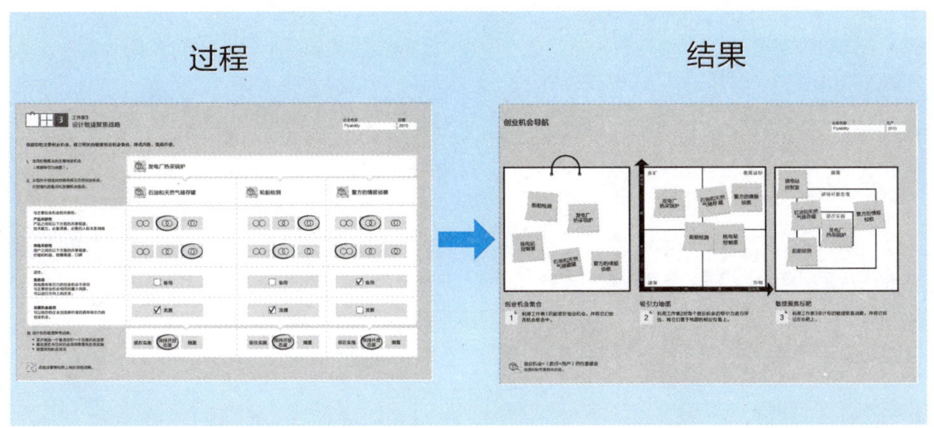

这个战略选择为 Flyability 的管理层提供了一个清晰的市场进入路线图和一个清晰的技术路线图。据此，他们能够明确发展重点、建立相关的人际关系网络及设计恰当的营销方案。而且，团队已具备了应用结构化决策框架的技能，能够应对需要重新考虑既定战略的情况。

综合以上内容，制作 Flyability 的全套工作表和导航的主要设计面板。

工作表1

工作表1：
制定你的创业机会集合

企业名称 Flyabolity　　日期 2015年

列出企业的核心能力或技术要素

根据它们的功能和属性对其进行分类。用通用的方式对其进行描述，不考虑你（预想的）产品。

能力

独特性	飞行能力	成像系统	
防撞型（人/墙）	飞行中可即时录像	高清录像	
减震，轻便的保护笼	黑暗/烟雾/灰尘环境	热感录像	
可在任何表面滚动	有限的飞行时间	实时视频流	
在一定温度和压力范围内运行		远程调控	
		发布任务分析	

利用核心能力，你可以提供哪些应用场景？哪些用户需要这些应用。放大用户群，对其进行细分。

应用

用户

工业检测

能源厂：发电厂热采锅炉、核电站控制室、风
石油和天然气：压力容器、储存罐
海运业：船舶、燃油箱

基础设施检测

室外设备：桥梁
室内设备：污水管、矿井

安全/搜索和营救

情报侦察：警方、军方
营救团队：火警

应用 + 用户 = 创业机会

将待评估的创业机会置于创业机会集合中。

工作表2（只针对一个创业机会）

工作表3

工作表3
设计敏捷聚焦战略

企业名称：Flyabolity　　日期：2015年

根据你的主要创业机会，建立相关的敏捷创业机会集合，降低风险、提高价值。

I. 选择你要聚焦的主要创业机会（根据吸引力地图）。

发电厂热采锅炉

II. 从组合中挑选其他具有吸引力的创业机会，识别潜在的备用和发展机会选项。

	石油和天然气储存罐	船舶检测	警方的情报侦察
与主要创业机会的关联性： **产品关联性** 产品之间在以下方面的共享程度：技术能力、必备资源、必要的人际关系网络			
市场关联性 用户之间在以下方面的共享程度：价值和利益、销售渠道、口碑			
适合： **备选项** 其他具有吸引力的创业机会不承担与主要创业机会相同的重大风险，可以进行方向上的改变。	☐ 备用	☐ 备用	☑ 备用
发展机会选项 可以给你的企业创造新价值的具有吸引力的创业机会。	☑ 发展	☑ 发展	☐ 发展
III. 设计你的敏捷聚焦战略： • 至少挑选一个备选项和一个发展机会选项 • 确定是否有任何机会选项需要现在就实施 • 搁置其他机会选项	现在实施　保持开放态度　搁置	现在实施　保持开放态度　搁置	现在实施　保持开放态度　搁置

在敏捷聚焦标靶上制定你的战略。

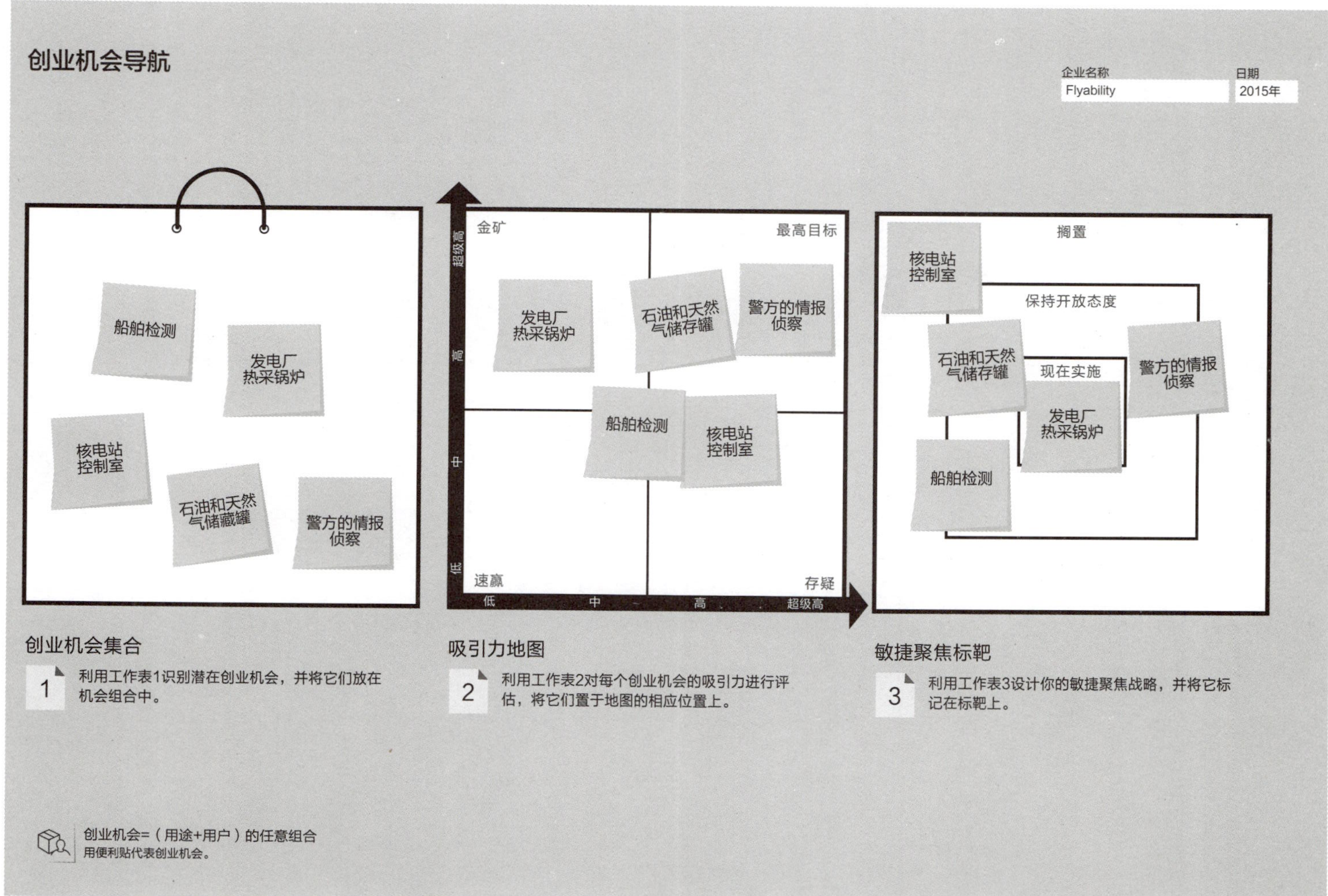
导航
创业机会导航
企业名称
Flyability
日期
2015年
船舶检测
发电厂
热采锅炉
核电站
控制室
石油和天然
气储藏罐
警方的情报
侦察
金矿
最高目标
速赢
存疑
超级高
高
中
低
低
中
高
超级高
发电厂
热采锅炉
石油和天然
气储存罐
警方的情报
侦察
船舶检测
核电站
控制室
搁置
保持开放态度
现在实施
核电站
控制室
石油和天然
气储存罐
警方的情报
侦察
发电厂
热采锅炉
船舶检测
创业机会集合
1 利用工作表1识别潜在创业机会，并将它们放在机会组合中。
吸引力地图
2 利用工作表2对每个创业机会的吸引力进行评估，将它们置于地图的相应位置上。
敏捷聚焦标靶
3 利用工作表3设计你的敏捷聚焦战略，并将它标记在标靶上。
创业机会=（用途+用户）的任意组合
用便利贴代表创业机会。

影响和增值

3.1 敏捷聚焦战略的影响

3.2 导航的持续使用

3.3 创业机会导航与其他商业工具的结合使用

创业机会导航是你在创业机会地形图上找到准确方向的商业工具。

为有效利用创业机会导航，做到以下几点很重要：

- □ 了解敏捷聚焦战略如何影响企业创立过程中及商业化过程中的关键问题
- □ 学习如何从创业机会导航中获益
- □ 结合与其他商业工具使用创业机会导航

3.1 敏捷聚焦战略的影响

由创业机会导航得出的最终成果就是敏捷聚焦战略。它说明了你应该如何在创业机会地图上找到准确的方向：在聚焦于最具吸引力机会的同时保持敏捷性。事实上，有意识地对备选项和发展机会选项保持开放态度，不仅可以增强资源和能力的敏捷性，还可以提高认知弹性，同样的情况也适用于你的管理团队、员工和利益相关方。

简而言之，敏捷聚焦战略在与商业化活动相关的领域内都有重要意义。

思考以下内容：

- □ 你要持续开发和建立的资源和能力
- □ 企业的身份、文化和结构
- □ 在商业化过程中要进行的品牌推广和市场营销
- □ 要进行的资金筹措活动

资源和能力：培养敏捷性，有准备地行动

敏捷聚焦标靶提供了创业机会的概况图，据此，你可以随时进行深入研究。对（可能）即将进入的各个市场有一个早期的了解有助于你做出开发资源和能力的关键决策。也就是说，在这个方面有先见之明，能够帮助你开发资源和能力，变得更敏捷和更敏锐，当转向另一个市场或开拓新市场时，这就显得很重要了。

开发模块化技术

在已经了解了未来机会的前提下，以模块化的方式开发你的技术，可以更敏捷地对技术进行应用，这样，在转向或探索新创业机会时能够节省时间和资金。不管在什么情况下，要确保自己不局限于某一特定的技术能力开发路径。虽然有针对性地开发技术可以让你迎合某一具体市场（短期内会节省你的时间和资金），对你来说这有一定的诱惑力，但若是将这项技术调整用于其他用途（如果可能的话），那这个过程就会变得非常复杂。

建立更广泛的知识产权网络（IP）

敏捷聚焦战略应该也会影响你的知识产权战略。既然你已经明晰了各个新创业机会，那就应该能够在这些领域里主动保护你的发明创造。当申请新专利时，确保未来机会选项也能反映在你所申请的专业领域内，以使知识产权的潜力最大化。

考虑未来人力资源的需求

在雇用员工时也应该考虑你未来的创业机会。例如，应考虑你的有些员工具备的技能是否能够让企业更敏捷地开发技术，或更适合当前和未来市场里进行的销售和营销活动。另外，还应思考如何定义他们在组织里的角色，在这个问题上鼓励你保持开放态度和敏捷性。

建立并利用利益相关方的关系网

利益相关方对你（可能）即将探索的机会有很浓厚的兴趣。这些人可能会成为你的投资者、顾问、潜在合伙人或盟友。所有这些利益相关方都需要了解你的敏捷聚焦战略，更重要的是，在实施战略的过程中，他们可能会给予你帮助。因此，慎重地在你的人际关系网络中挑选正确的人，利用他们的相关经验和态度，让你在未来有更多的选择。

Medic Vision 就是个典型的例子。这个企业决定从针对脑部扫描的计算机辅助诊断工具的开发转向安全 CT（一款低剂量 CT 扫描的附加产品）的开发，由于当前投资者完全沉迷于最初的想法中，所以他们必须寻找新的投资者。幸运的是，Medic Vision 在这次战略转型中成功了，但过程不仅艰难，而且代价很大。

企业的身份、文化和结构

一家企业所服务的（多个）市场对企业价值创造有重要影响，一家企业对创业机会的选择深深影响着企业的“DNA”：“你的企业是做什么的”及“其他人（潜在的员工、利益相关方、用户等）是如何评价它的”。事实上，不仅是你选择实施的创业机会，你聚焦的范围也影响着这些特征。

研究观点

在一项针对25家科技型新创企业的研究中，我们对聚焦于不同类型的市场会对这些新创企业的组织身份产生怎样的影响进行了调查。[1]

结果显示，创始人对“我们作为一个组织的身份是什么”的定义很明显地取决于他们准备选择的创业机会范围。

- □ 选择高度聚焦方式的企业倾向于建立一个相对狭隘的身份，这主要因为他们旨在开发特定的产品。
- □ 选择敏捷聚焦方式的企业会以更宽泛的形式定义他们的组织身份，他们通常会强调一个更广泛的市场领域或更广泛的需求。
- □ 不聚焦的企业（例如，还没有采取聚焦战略的企业）会在最宽泛的范围内定义新创企业，这主要基于他们开发的技术。

简而言之，敏捷聚焦战略会塑造你的企业身份及其文化，它也会影响你如何设计企业的结构。毫无疑问，这些都是你的企业最深刻、影响最深远的特征。

塑造企业的身份

企业的身份通常会根据对创始人及其创业计划来说很重要的思想观念来定义，其阐明了企业的核心内容是什么。它与员工、用户和投资者对企业的认知有关，身份回答了以下问题：“我们是谁？”“我们要做什么？”“未来我们要成为什么？”

1 To find out more take a look at: *Experimentation, Uncertainty, and the Performance of New Technology Ventures*/Tal, Gruber & de Haan (Dissertation Technion)

在市场选择方面的远见，可以回答“我们是谁及企业未来要成为什么”的问题。这是一个微妙的活动，却有着重要的意义！身份，一旦被众人周知，就很难改变。因此，在开发和塑造“你的企业是什么及关于什么”时，一定要考虑创业机会的范围。

例如，奥格瑞的创始人把他们的企业定义为“通过倾听机器的噪声，为新市场带来预测性维修的企业”。事实上，他们的宣传语就是：“机器诉说，我们倾听。”这个关于“我们是谁”的定义足够宽泛，可适用于任何类型的机器或市场。

塑造企业文化

企业文化的基础是对企业身份的理解，但它强调的是引导企业成员行为的共同假设、价值观和信仰。每家企业都会塑造和维持一个独特的文化。不管这家企业的文化是否积极向上，它都会存在，但不一定是以最有利于企业成功的方式存在。敏捷聚焦战略会影响你形成、发展、壮大企业文化。我们的建议是，你可以塑造一个重视敏捷和创新的企业文化，因为这些特征不仅有助于坚持敏捷聚焦战略，而且在形成和保持竞争优势上也起了非常重要的作用。

例如，奥格瑞的创始人会举行小组会议，在会议中，员工聚集在一起进行头脑风暴，迸发新的想法。这些小组会议会强化企业的创新型文化。

设计组织结构

你对创业机会的远见可能会塑造组织的结构。你可以在组织中定义各个角色，或者你想以一种符合当年和未来市场进入计划的方式建立各个部门。但一定要注意，这些计划可能会改变，所以，最重要的一点就是，在设计组织结构时，让它能够保持敏捷性！

品牌推广和市场营销

敏捷聚焦标靶上的这个信息对你的品牌推广战略和市场营销策略来说是一个关键的因素。你已经完成了对未来发展道路的规划，也找到了主要创业机会，现在你需要选择一个最能反映“企业是什么及关于什么”的品牌名!

例如，如果选择了一个反映你能力之内的某一特定用途的品牌名称，那你可能会失去未来利用同样的品牌名称在新市场销售产品的能力（例如，“Salesforce.com”和“Oracle”）。然而，有一个高度聚焦的品牌名对应某一特定用途，对企业来说也是有益的，特别是在市场营销预算有限的情况下，在寻找新的准入市场时，你也需要考虑品牌名的不敏捷性。所以，需要具体问题具体分析。

另外，在创业过程中改变品牌名称意味着失去信誉和定位，而这些又是你努力获得的，同时对于已经投入的大量资金来说也是一种损失。

Get Taxi 就是一个典型的例子。Get Taxi 开发了一款基于 GPS 的应用程序，可以将用户和出租车司机联系起来。但随着这款程序的应用，发现它还可以用于获取其他有需求的产品（从美容、家庭服务到干洗和食物）。这个新创业机会的发现要求企业将品牌名称改为“一键式服务”（Gett），这一举动耗费了大量的资金。

所以，当你在开发和设计品牌推广战略和市场营销策略时，一定要确保它们不会让你只局限于某一个发展机会选项或备用机会选项。

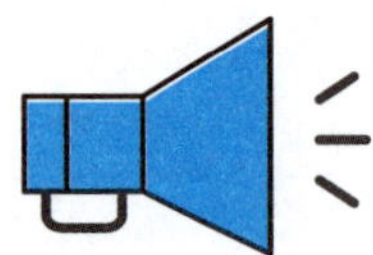

集资活动：与潜在投资者的沟通

一般情况下，投资者是商业化活动是否成功的关键。但在投资前，他们想要了解的是你的企业项目能够为其带来多少价值，想要看看帮助你实现价值创造目标的路线图。

创业机会导航可以用简单、直接的方式展现你的企业本身就具有的潜力，由此向投资者清晰说明你的创业机会和市场进入战略，与投资者讨论风险降低策略（如备选项），以及说明你的资金需求如何与关键事件和市场推广计划相一致。

为了从创业机会导航提供的系统性方法和清晰的语言中获益，你可以将导航过程中产生的成果融入融资演讲稿和商业计划之中。例如，投资者想要你能清楚地展现你选择目标创业机会的原因及如何预测它的价值创造潜力和价值获取挑战。他们也想要看到你正在聚焦于最具潜力的机会，而且还能够通过探索新的发展机会将企业引入下一个发展阶段。

而且，投资者知道，创新项目经常会面临巨大的不确定性，因此，当你能够展示备选项时，就说明了你能够控制自己的创业进程，已经准备好迎接不确定的未来了。

投资者寻找的是必赢的团队，而不仅仅是优质的创意。利用导航还可以向投资者传达你的团队不仅严谨、慎重，而且还具有洞察一切的远见。

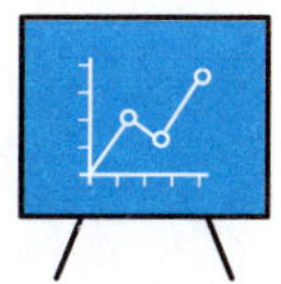

3.2 导航的持续使用

你的前进方向是否正确

这个问题一直困扰着创业者和创新者。怀疑会打击你的信心，其产生的原因也多种多样。它们可能源于商业环境的外部变化或企业的内部调整。不管源头是什么，必要时，你可以回顾导航提供的结构性决策框架，检验新的假设，支持或反驳你的疑惑，使其符合你的战略方向。如果分析显示，你前进的方向仍是正确的，那它会增强你的信心；如果分析显示，你最好转换方向，那它就帮助你发现新的方向。

没有预兆的情况下产生的新机会通常会引起我们的怀疑。想象一下，新的潜在用户听到你的技术或产品后，想要确定这个技术或产品是否可以应用到他们的领域。当然，有新的用户感兴趣是好消息。但你要因为这一点儿兴趣就分散有限的注意力或重新调整战略吗？创业机会导航可以帮助你处理这样的事件：评估这些新机会，将它们与其他机会进行比较，最后做出这个机会现在或未来是否值得我们去实施的决策。

不管是新创企业还是大型企业，导航都会在你寻找下一条成功之路时派上用场。

总之，创业机会导航对你的创业之路来说具有巨大的价值。利用它不仅有助于你制定正确的战略，还可以帮助你为新创企业建立适当的“DNA”——当面对重大决策时，它可以形成一个全面的结构性决策框架。

创业机会导航是你的长期伙伴。养成使用它的习惯！

如何从创业机会导航中获益

回望、跟踪和更新你的决策

- □ 从直觉到认知性直觉再到基于事实的决策。结合导航和你目前掌握的信息做出下一步行动计划（例如，这周我们应该做什么），直到你具备了足够的信息和知识，再制定战略。
- □ 充分了解你当前面对的创业机会，更新它们在吸引力地图和敏捷聚焦标靶上的位置。
- □ 系统地处理新的创业机会，将它们置于吸引力地图上的相应位置，综合考虑之后，更新敏捷聚焦标靶。
- □ 让每个人都能看到你的学习过程和你的企业的发展。
- □ 为更新的信息标注日期并存档，以便日后查阅。这有助于你了解变化的内容及战略逻辑的发展过程。

导航转换过程

- □ 凡事都有可能出错，你可能会需要转换方向。通过敏捷聚焦战略，你培养了更全面的能力，储备了备选项，能够随时了解其他机会，这有助于你在出错时更轻松地进行方向的转换。
- □ 更新吸引力地图和敏捷聚焦战略，以预见转换方向的时机。

导航发展过程

- □ 敏捷聚焦战略有助于你看到和探索新的发展机会，你可以利用创业机会导航决定新的目标机会。工作表 3 强调，吸引力和关联度是两个主要考虑因素。
- □ 注意，你还可以将搁置起来的机会选项授权其他企业使用，由此创造新的收入来源。

3.3 创业机会导航与其他商业工具的结合使用

企业战略规划是一项非常复杂的任务，需要反复地学习、规划和验证。高质量的商业工具和方法有助于你应对挑战和制定成功的战略。

这就是为什么我们以特定方式设计了创业机会导航

- □ 可以完美结合其他主要商业工具使用
- □ 可以强化其他工具，提升它们的使用价值

接下来，我们侧重要讲的内容是创业机会导航如何与商业模式画布和价值主张画布、精益创业方法结合使用，商业模式画布和价值主张画布是战略规划方面的重要机制，而精益创业方法是验证战略的关键模式。这四种工具结合到一起就成了强大的组合，为你清晰规划通往成功的道路。

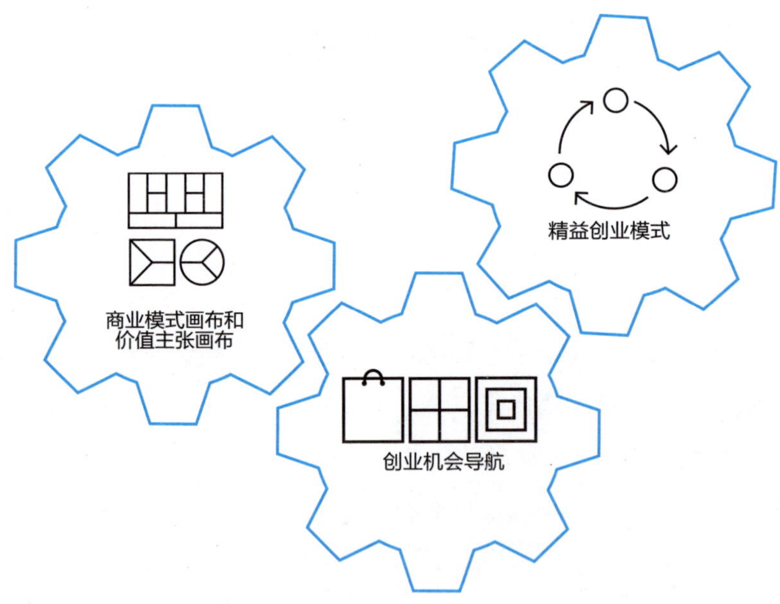

商业模式画布和价值主张画布——完善战略规划机制

创业机会导航为评估创业机会提供了一个很好的框架，而商业模式画布和价值主张画布则是为放大创业机会的细节提供了一个很好的框架。

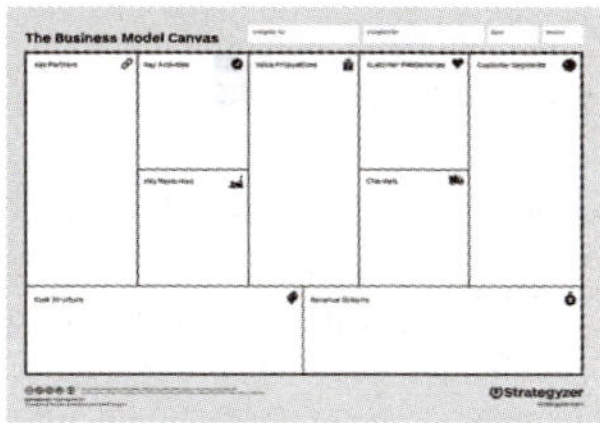

商业模式画布是由亚历山大·奥斯特瓦德和伊夫·皮尼厄共同提出的，是商业模式设计最常使用的工具之一。它在便于使用的单一模板中捕捉到了产品/服务（价值主张）、用户（用户细分、分销渠道、用户关系）、基础设施（资源、活动、伙伴）和资金（成本、收入），旨在解释企业如何利用其产品/服务创造价值。

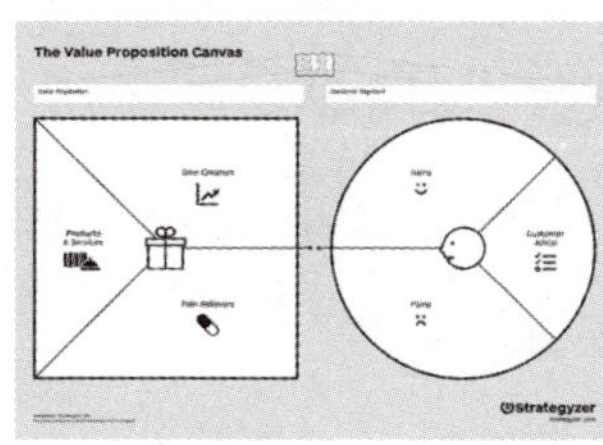

价值主张画布是由亚历山大·奥斯特瓦德、伊夫·皮尼厄、格雷格·贝尔娜达和艾伦·史密斯共同提出的，它会放大商业模式画布上的两个单元格——价值主张和用户细分。价值主张画布帮助创新者找到产品/服务（左侧）和用户（右侧）之间的联系。尤其是，通过分析和设计画布上的不同要素，创新者能够更清楚地了解如何设计一个具有吸引力的产品/服务，为用户创造价值。[1]

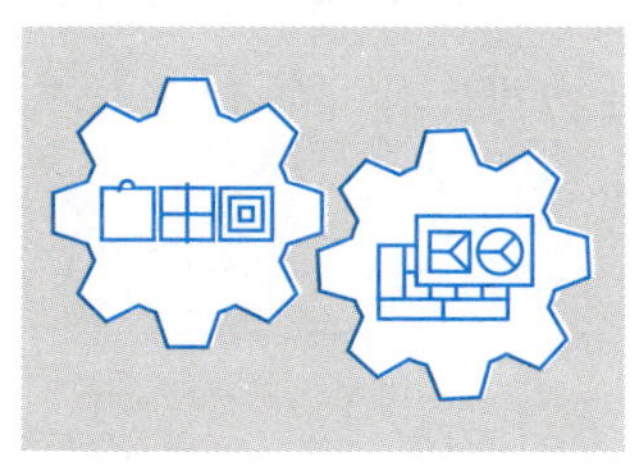

创业机会导航可以与商业模式画布和价值主张画布完美结合，除了这些框架以外，它还提供了巨大的价值。这些工具像齿轮一样咬合在一起，相辅相成，为制定战略提供了不同层次的分析，这是必不可少的。

1 To find out more about the Business Model Canvas and the Value Proposition Canvas, take a look at the creators of the canvases: Strategyzer and strategyzer.com

宏观和微观相结合

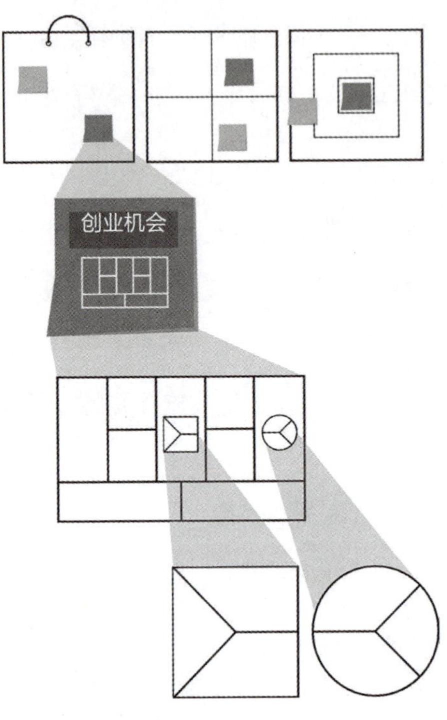

导航为创业机会提供了强有力的宏观视图。在这张图上的每个创业机会都代表了针对具体用户群的你的能力的用途。

导航让你了解了商业模式画布四个核心要素的内容和联系：形成你独特能力的"资源"和"活动"、"价值主张"和"用户"。

最终，每个创业机会都应该有一个清晰的"微观视图"，详细描述其商业模式（例如，如何为企业创造价值）和价值主张（例如，如何为用户创造价值）。

想要合理安排这些要素，你需要掌握所有层次的分析，因为这些分析都是至关重要的。宏观视图对解释和比较所有机会选项至关重要，通过它，你就能选择想要进入的市场，以及了解从微观上如何在市场中生存。

每个层次的分析都为其他层次提供了重要信息，这样你就可以反复进行各层次的分析。例如，价值主张画布能够评估创业机会的细节，你可以将其放在吸引力地图的指定位置上；敏捷聚焦战略也可以用于设计成功的商业模式。

设计商业模式，处理具有吸引力的创业机会

导航的全景图有助于你选择最具吸引力的创业机会，设计成功的商业模式，走上最具潜力的发展道路。

最重要的是，它回答了“哪个（些）细分用户最能充分利用你的资源”的问题。这通常是创新者所面临的最难的问题之一，如果没有答案，商业模式设计过程将受到影响。

设计敏捷的商业模式

你可以灵活设计符合敏捷聚焦战略的商业模式的模块。你的合伙人、渠道、关键活动和资源，甚至你与用户建立的关系类型，它们都可以根据预想的敏捷组合进行设计，以便在未来实现更平稳的方向转换或发展。

想要获得商业模式设计灵感，你可以利用 *Bussiness Model Navigator* 这本书，它提供了 55 个已经成功实施的模式。[1]

总的来说，通过创业机会导航、商业模式画布和价值主张画布这三者的结合使用，你对创业机会的了解要远比使用单一工具所获得的认知更全面、更深刻。这些工具相辅相成，为你找到“最肥沃的土壤”提供综合规划。

其实首先选择哪个工具并不重要，因为最终还是三者相互协作，帮助你制定成功的战略。

1 To find out more take a look at: *The Business Model Navigator*/ Gassmann, Frankenberger & Csik (2014)

精益创业方法——完善你的战略验证过程

精益创业方法是由埃里克·莱斯和史蒂夫·布兰克共同提出的，因其为创新者提供了一个快速测试、学习和根据用户需求调整产品/服务的方法而声名鹊起。精益创业方法为创业机会导航带来了巨大的价值，利用它，你可以在了解创业机会的过程中确定和验证你的假设。

该方法建议创新者必须在产品开发和企业建立之前完成目标用户的确定和验证。因此，必要时，创新者应采用快速“构建—衡量—学习”的循环模式，此模式涉及假设的形成、验证或调整。[1]

创业机会导航和精益创业方法在很多方面都能互补。正如之前提到的，这两种工具就像齿轮一样协同工作，相辅相成。

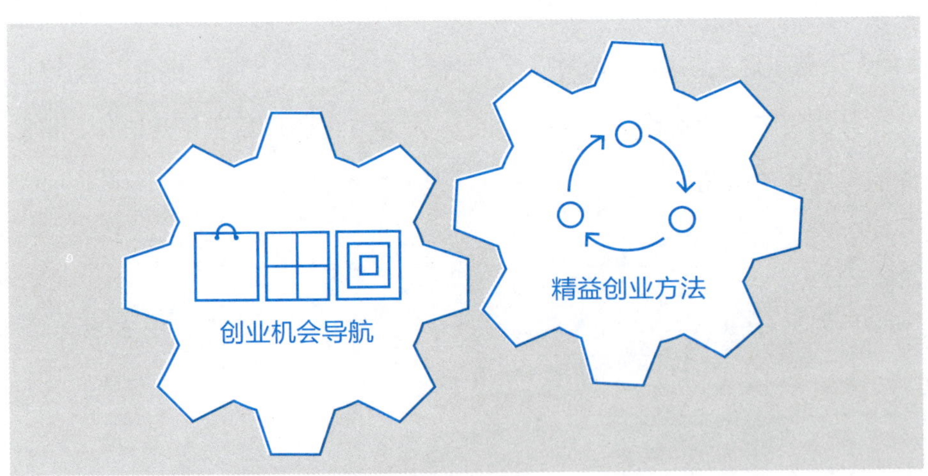

1 To find out more take a look at: *The Lean Startup*/ Eric Ries (2011); *The Four Steps to the Epiphany*/ Steve Blank (2005);
Running Lean/ Ash Maurya (2010); *Lean strategy*/ David Collis (2016)

如何利用这些工具组合获取最大利益

规划和实验相结合

导航是一个工具，用来规划战略，反思所学知识，并在必要时进行调整。这个“规划—反思—调整”的过程强化了精益创业方法提供的快速实验周期。这两种工具结合形成了完整的学习过程，在这个过程中，你可以进行预测和调整。迭代的第一步是进行规划。收集使用导航所获得的全部知识，了解和制定战略边界，从而进行有意义的试验。然后，按照精益创业方法的要求，产出最小化可行产品（MVP），推向市场了解用户的真实需求。接下来，你可以再次回到导航进行反思和调整：根据习得的新知识，更新创业机会集合、吸引力地图、敏捷聚焦标靶。重复“构建—衡量—学习”的过程……

简而言之，导航提供了严谨规划和确定市场范围的过程，而精益创业方法提供了了解和验证用户需求的过程。

普遍和有针对性的视角相结合

精益创业方法鼓励你去查看有针对性的单一道路。如果经证明这是一条错误的道路，那你需要找出道路上其他看似有趣的分叉路进行方向转换。创业机会导航可以指导你看到所有机会的整个地形图。根据这个“全景图”，你可以避免在试验中选错道路或遗漏任何更具潜力的机会。另外，利用机会导航，转换方向时你会有更充分的准备，因为你在不断地反思创业机会集合并按照敏捷聚焦战略对某些机会选项保持开放态度。

简而言之，这种广阔的视角有助于你找到“全局最大值”，而不是“局部最大值”，充分利用不同的机会选项，更好地保持敏捷性。

用户和市场假设相结合

精益创业方法鼓励你利用快速试验法对关于用户的假设进行验证。这些假设是在商业模式画布的九个模块的基础上建立起来的，主要强调了价值主张的内容。导航根据机会的潜力和挑战来判断某个创业机会的吸引力。工作表 2 展示的结构性评估是新假设组合的基础，侧重市场及其环境背景的其他方面（例如，竞争者、价值链上的参与者等），这样你就可以在用户假设的基础上做出市场假设，充分考虑所有因素后再做出战略选择。

短期和长期学习循环相结合

精益方法强调了“构建—衡量—学习”循环的重要性。但在凯尔光学和微型机器人的例子中，很多想法是无法在系列实验中快速而廉价地进行验证的。它们需要在研发上投入大量的前期资金，甚至可能是长期投资。它们也可能太过超前或太过复杂，无法快速进行用户评估。换句话说，有这类创新产品的企业需要长期的、大量的投资，因此也需要慎重考虑欲选择的道路。如果你属于这种情况，创业机会导航会为你提供重要答案，你可以利用这些答案确定最具潜力的道路，确保在需要进行调整时保持敏捷。因此，在快速试验不可行的情况下，敏捷聚焦战略是必不可少的。

总之，导航和精益创业方法相辅相成，为验证既定战略提供了广泛和完整的过程，两者的结合使用会令你事半功倍。再次强调，先选择哪个工具无关紧要，最后你还是会结合这两种工具制定成功的战略。

除了新创企业：导航还适用于

识别、评估和开发新的创业机会是新创企业和成熟企业保持竞争力的核心内容，更笼统地说，是价值创造的核心。

除了新创企业，创业机会导航可以为以下对象提供新鲜视角和创造价值……

- □ 成熟企业——将其发明创造商业化和寻找新的创业机会时
- □ 投资者——筛选新企业和指导其制定发展战略时
- □ 技术转让型科研机构——与发明者合作、起草专利申请时
- □ 教育者和加速器——陪伴创业者和创新者学习并为其提供知识时

即使你不属于上述群体，使用导航的过程（或部分过程），你也可以得到有价值的观点，更全面地了解具体的市场情况，做出更明智的战略决策。

4.1 成熟企业

企业为了生存必须不断地进行自我更新和迭代，而且还要面对发现新发展机会的挑战：它们努力保持竞争力，寻找新的创业机会，满足其利益相关方的需求。

但是，发现和实施新发展机会对成熟企业来说极具挑战性。研究表明，对于大多数企业来说，这些尝试的失败率很高，盈利越来越难。[1]

为什么会出现这样的情况？企业共同的目标就是要保护现状，把已经在做的事情做到精益求精。因此，它们通常善于执行，不会主动研究创业的艺术。对于大多数管理者和员工来说，找到正确的发展机会并成功抓住这个机会需要思维模式上的转变。它还要求不同的利益相关方之间的合作——他们要遵守自己的安排和动机，而每个人对风险的理解不同，这可能会阻碍企业在扩张方面的尝试。总之，随着企业越来越大、越来越复杂、越来越专注内部事务，其发展通常会受多个利益相关方的压制，因为这些利益相关方只想要你的组织机构顺利运营，坚守企业既定的业务范围。

在 *Profit From the Core* 和 *Beyond the Core* 这两本书中，克里斯·祖克（Chris Zook）强调了企业在寻找有盈利能力的发展机会时，充分利用企业现有核心能力的重要性。这些相邻的多样化行动利用了现有的用户关系、技术或核心业务技能使其在新市场建立竞争优势。[2]

事实上，在美国 3M 企业（全称明尼苏达矿业及机器制造企业）开展研究，想要更深入了解该企业的成功和失败时，他们确实发现了在 3M 长期的、固有的能力基础上发展起来的新业务，其成功率要远远高于那些不利用这些核心能力的业务。

1 *The Growth Gamble*/ Campbell & Park (2005)

2 *Beyond the Core*/ Chris Zook (2004); *Profit from the Core*/ Chris Zook (2001)

另外，企业能否成功发展很大程度上取决于是否有能够让你做出正确决策的方法，这个方法会让发展机会向有利的方向倾斜，并且在失败发生时能够控制其成本。根据克里斯·祖克的说法，在这些方面的表现即使有很小的进步，综合起来，都能极大地提高成功抓住新创业机会的可能性。

创业机会导航有助于你实现上述目标：使用导航，可以发现源自企业自身核心能力的新的创业机会，引导企业找到最具潜力的机会，以及帮助企业控制风险。

所以，不管你是CEO、负责业务拓展的副总裁，还是企业的产品经理，或者承担着任何与企业创新发展有关的角色，在很多个关键方面，创业机会导航都能给你带来益处，为成功进行内部创新找准定位。

广撒网

在聚焦某一具体发展机会前，你必须形成广泛的商业理念。优质的创业机会数量较少，所以，遇到优质机会的概率与企业识别出的创业机会数量有着直接的联系。

想要识别一组新的创业机会选项，就必须有明确的规划，以形成发现真正新的创业机会的能力。创业机会导航的第一步就提供了这样的具体过程：它指导你如何将核心能力独立于你目前正在生产的特定产品或正在服务的特定用户之外。使用导航，你可以找出核心能力本身具有的特征，据此，系统性地搜索新的创业机会。重要的是，这个过程不仅会在发现相关创业机会上为你提供支持，而且会加速新机会的搜索过程——帮助你战胜当前所在市场里众所周知的“暴君”。

确定“如何做出决策”

商业扩张是对未知的探索。因此，筛选和评估机会就成了一项极具挑战又非常关键的任务。实际上，只要是成功的企业，都会在如何做出最佳决策这个问题上设定标准和进行规划并投入大量资金。例如，微软（Microsoft）的创新中心会利用“漏斗式”的创新模式。这个结构化的多步骤模式是这样筛选新机会的——从对多数机会的初步认识到对一些机会进行的评估，再到为个别机会制定战略和战术。

创业机会导航是一个经过验证并便于使用的筛选、评估和规划发展机会的工具。创业机会导航还为你提供了评估创业机会潜力和挑战的综合标准列表，并指导你如何在整张地图上按照其吸引力进行绘制。不管你的发展机会选项来自内部还是外部（合伙和收购），这些标准都适用。

根据具体需求，你还可以对此过程进行调整。例如，如果有必要，可以加入影响机会潜力的其他因素（例如，它对现有业务的影响程度）或影响机会挑战的因素（例如，它与企业文化的匹配程度）。

总之，通过这个完整的评估过程，你可以排除“杂质”，发现“金矿”，最终做出明智的发展决策。

重视关联度

评估各机会之间的关联度有两个主要的意义。

首先，你可以利用关联度的测量手段了解当前业务与新的发展机会间的联系。克里斯·祖克认为，高关联度是价值创造最强大的“发动机”，同时高关联度也说明了很多成功发展的企业都能够保持当前业务和相关的新业务之间的紧密联系。因此，在比较不同方向的投资及在对其进行绝对评估时，评估新发展机会与当前业务间的关联度是很有必要的。

其次，一旦某个发展机会确定为优先机会选项，你便可以利用关联度，长远地来规划行动中的各个步骤。也就是说，你可以将与主要机会相关的发展机会选项和备选项进行组合。另外，利用关联度的这种逻辑，你可以围绕每个潜在投资机会选项建立“未来机会组合”，还可以从全局的视角比较这些不同的战略方案。

总之，投资于一个新的机会总会承担搁置其他机会的风险，所以，未来机会组合对于做出正确决策来说至关重要。

工作表 3 明确阐释了如何评估产品和市场关联度。你可以利用这些方式实现：评估某一创业机会与当前业务的关联度及围绕这一创业机会建立机会选项组合。通过这种方式，你可以准确地进行各机会的优先顺序和长远地计划各项支出，最终目的就是要从创新过程中获取最大的利益！

控制风险

在创新和发展项目中，最大的挑战之一就是管理这些项目本身就具有风险。作为一名管理者，你必须确保在管理风险更高的发展项目的同时，保持现有业务的净收入：你需要拓展现有业务和开发新业务。通过创业机会导航，你可以平衡高风险的发展项目、控制失败后的成本。更重要的是，敏捷聚焦战略提供了备用机会和未来扩张的长远想法，从而建立了备选项的敏捷组合。这是一种不错的对冲风险的方式，同时也为未来可能转换方向做好了准备。各位股东通过你这样的长远想法就能看到，风险已经在掌控范围内，这并不是一场靠运气取胜的赌博。

在企业内推广你的想法

最后要讲的一个重大挑战是要所有股东就未来发展道路达成一致，而且你还要获得所有股东的支持和承诺。在新项目的早期阶段，你至少需要一名赞助者和一个小型孵化团队将想法付诸实践。创业机会导航可以协助你在企业内推广你的想法。

首先，在企业内建立通用语言，推动讨论和促进达成一致。决策过程的各个阶段以可视化的方式具体呈现出来，这样可以在与同级或董事会成员以一种更高效的方式来讨论新创业机会。

其次，按照导航的要求，形成清晰的战略愿景，这是在企业里掀起变革和获得员工承诺的关键。*Leading Change* 的作者约翰·科特（John Kotter）提到，在组织机构内推广你的想法时，必须清楚说明你的计划并实时更新以保持其有效性。[1]

最后，科特还建议，获得短期胜利非常利于企业内部达成一致，促进大家支持你的想法。因此，你可以利用吸引力地图识别你的“速赢”机会，从而设计相应的战略。

总之，创业机会导航是一个具有极高价值的工具，利用它，你可以识别和探索主要的新创业机会，并且在这项核心活动中形成系统性的能力——机会管理的能力。[2] 这项能力包括能够识别数量和种类较多的新机会组合，能够高效地评估这些机会并对其进行优先排序，以及能够建立有潜力的机会组合。

通过创业机会导航，你能够知道如何充分利用企业的现有资产，找出“最有价值的”事件及如何有效管理“创新漏斗”。

注意，创业机会导航不仅对不同创业机会间的比较、企业发展战略的制定有帮助，还可以应用于在某一部门或特定单位内对不同投资机会选项进行优先排序。例如，产品经理在决定未来几年内开发产品的哪些功能时，他就可以利用创业机会导航对所知功能进行合理的排序。当然，影响这些机会选项潜力和挑战的因素很可能需要进行调整，但整体的框架是通用的。总而言之，导航可以在企业的不同层级内应用，被不同的管理者使用，还可以在选择不同类型投资时应用。

1 To find out more take a look at: *Leading Change*/ John Kotter (1996)

2 To find out more about opportunity management in established firms take a look at: *The Entrepreneurial Mindset*/McGrath & MacMillan (2000); *Discovery-Driven Growth*/ McGrath & MacMillan (2009); *The End of Competitive Advantage*/ Rita McGrath (2013); The process of technological competence leveraging/ Erwin Danneels (2007)

4.2 投资者

创业机会导航对投资者提供支持的方式主要有两种：一是可以更有效地筛选新企业和旨在探索的各个机会，二是可以更有效地管理投资组合内的企业。

不管你是私人投资者、企业投资者还是风险投资者，你都可以从不同方面享受导航带来的益处。

投资决策中的筛选过程

作为一名投资者，你主要寻找的是在短期内（一般最长为 5 至 7 年）实现显著增长的风险投资。你拒绝投资的主要原因之一就是你认为企业的目标市场不具有价值创造潜力，或者在上述周期内不能实现显著增长……在某些情况下，并不是因为新创企业本身不具有潜力，而是创始人没有说清楚！

创业机会导航提供了一种极具说服力的交流方式，新创企业可以向潜在投资者清楚说明创业机会及其相关的市场准入策略。尤其是，通过创业机会导航，创业者可以充分展示企业本身具有的潜力，详述风险应对策略（如备选项），以及使资金需求和关键事件与未来发展方向保持一致。它还可以帮助他们弥合知识差距，在各方提出不同的观点时达成良好的沟通。

反过来，投资者会更容易理解创始人的战略计划，了解创业方案的前景。他们可以更高效地将反馈传达给创始人，例如，投资者认为企业确有可取之处，只是他们未能开发出最佳的创业机会。

另外，当新创企业使用导航进行说明时，投资者能清楚地了解他们是如何管理其创业机会的，思维又有多敏捷，如此，投资者对影响投资决策的其他关键因素也会有新的理解。

投资者可以要求创始人在融资演讲中使用创业机会导航，这样，双方可以就可选的创业机会和经过验证的路线图进行深入讨论。

总体来说，创业机会导航提高了投资者与创业者沟通的能力，以及做出更佳、更快投资决策的能力。

支持投资组合企业的管理

投资确定后，企业的繁荣发展影响着投资者与创业者的切身利益。在企业发展过程中，创业机会导航可以作为支持企业管理的重要工具。例如，在制定战略、实施备选项和发展机会选项时都可以使用。

导航还提供了一种清晰的语言，在制定战略时，可以促进董事会上富有成效的讨论，统一不同利益相关方的预期。

4.3 技术转让型科研机构

技术转让型科研机构（Technology Transfer Offices，TTOs）的核心使命之一就是将高校和其他研究机构的知识和技术转让给各领域的用户，确保这样的先进知识和技术可以以新产品、新服务、新流程等形式进行更广泛的研究。科技商业化过程会涉及很多机制，例如创建新企业、签订技术许可协议、成立合作和合资企业等。很多协议都以专利为基础，因为它包含了将要进入商业化过程的技术知识。

技术转让型科研机构的工作人员一般都要具有专业的法律知识，用于处理专利申请和双方签订合约的事宜。他们还要有专业的技术知识——团队本身具有的与技术转让相关的知识，或发明者提供给 TTOs 的技术知识。

但我们观察到，在很多 TTOs 中，有关创业机会及相关用途的知识还是很有限的，在很大程度上是因为这类知识需要相关人员具有一系列不同的技能和能力，小型的技术转让团队常常会缺少这类技能和能力。

所以，如果你是 TTOs 的一名成员，你可以利用创业机会导航提高工作效率。实际上，不管是你还是发明者本人，在研究项目上应用导航，都能打开使用者的视角，为某一技术找到更多的潜在用途。它可以在以下方面给你带来益处：

- □ 更全面地了解所涉技术的价值，准确判断哪些技术值得继续实施，哪些需要放弃。
- □ 做出更好的商业化决策（哪些机会应该利用哪个机制进行深入探索）。
- □ 申请更有价值的专利，明确划定应用空间。
- □ 对潜在的被许可方和其他合伙人有更好的了解。
- □ 与合作伙伴起草更详细的协议。

另外，创业机会导航可以作为研究员与发明者之间高效沟通的工具。使用导航，研究员可以更好地了解技术本身，清楚其局限性和潜力，以及可以更清楚地了解技术的适用范围及必要的专业技术知识以最大限度地发挥其价值。

注意，TTOs 可以同时用不同的方式对技术进行商业化。根据不同领域的排他性，你可以把一项技术同时许可给不同的对象，或者可以支持同一专利的不同衍生品。因此，敏捷聚焦战略对于资源有限的企业来说很重要，因为其所追求的多重目标的关联度很低。一旦技术通过衍生品商业化，敏捷聚焦战略就会变得更强大。同样，创业机会导航可以作为支持企业管理的重要工具。

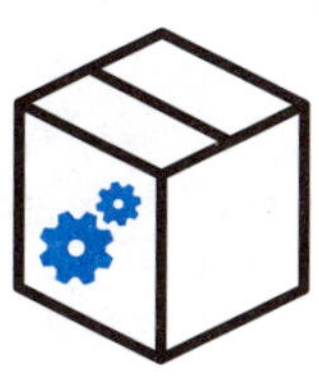

4.4 教育者和加速器

创业机会导航是教育者的关键工具，因为它可以解决新创企业和成熟企业所面对的最紧迫的问题之一——如何识别能够创造价值的机会并从中获益。

教育机构和加速器旨在培养学员，为学员提供有价值的知识和“工具箱”以提高学员未来获得成功的概率。而创业机会导航就是工具箱中不可或缺的一部分。

在高等教育中应用创业机会导航

作为教育者，你可以在课堂教学中利用创业机会导航。有了这个强大的工具，你不仅可以教授学生如何发现有价值的机会并据此制定战略，还可以告诉他们如何进行系统化分析、在创新或创业过程中如何保持认知弹性。简而言之，使用导航，你可以教授给学生一种动态的能力！

因为创业机会导航已经在创业、创新和战略领域经过验证和实践，所以，它完全可以融入你的教学计划，作为现有课程、独立课程或工作坊的一部分。

在导航广泛地应用于不同的教学环境的过程中，我们取得了卓越的成效。具体来讲，我们发现导航过程可以完美融入创业、创新和战略课程之中，完全适用于本科、研究生或高等教育对象。

因为导航提供的框架分为各个阶段，所以不管是在课堂上还是在家里，你都能轻松制订授课计划和安排学生的学习任务。

工作表提供了实践练习，这一点很符合当前的教学趋势，引导学生参与到真实的问题导向任务之中。这些实践任务也可以应用到课堂中，用于促进课堂讨论和同学间的相互学习。

另外，本书及相关材料以简单便捷的方式为学生讲解了理论背景和实践操作，所以，它们是教师教学的优秀伴侣，同时也是学生学习的重要伙伴。

以下简介有助于你设计课程：

首先，我们在课程中融入了真实技术。这些技术以学生自己的创业想法或高校里的其他研究项目为基础。以“真实”案例为教学材料，不仅可以对学生起激励作用，还可以帮助创新者……最终，也可能会创造出巨大的价值！

其次，我们发现将有商业教育背景的学生和没有接受过商业教育（例如，工程专业的学生）的学生混合在一起教学，效果最佳，因为他们可以将不同的视角和专业知识带入创业机会导航的三个步骤之中。所以，如果可行，可以将不同专业的学生安排在一个班级中。

接下来，我们要概括讲述如何应用导航展示一个关于新技术的创业机会的课程设计的示例。

建议采用工作坊的形式：关于新技术的创业机会

准备：寻找技术（可以由教师进行，也可以由班内学生进行）

第一周 介绍创业机会导航的背景和内容

介绍工作表 1，工作表 2 和工作表 3

第二周 对技术进行展示（由创新者）

团队建设：3 到 4 名学生负责一种技术

（全班）对所有创业机会进行头脑风暴

工作表 1：草稿

开始填写每个技术的创业机会集合

课后作业：继续进行机会识别，利用工作表 2 进行评估

为学生预留时间完成机会的识别和评估

第三周 展示成果（创业机会集合和吸引力地图）、备份工作表 1 和工作表 2

第四周 外界人士参与工作坊（例如，风险投资人、天使投资人和创业咨询公司等），深化对创业机会及其评估的理解课后作业：更新当前认知，利用工作表 3

为学生预留时间制定敏捷聚焦战略

第五周 最终展示：

创业机会集合、吸引力地图和敏捷聚焦标靶

创新者和其他股东给予反馈，并据此进行学习

在加速器和创业孵化器中应用导航

加速器和创业孵化器一直在不断寻找促进新创企业成功的方法。实际上，加速项目主要用来培养创业初期的创业者，为他们提供必要的价值创造平台和专业技术。而且，加速器和创业孵化器本身的成功主要取决于新创企业的成功。

不管你是负责一个加速项目还是负责培训一个新创企业，创业机会导航都是你的完美附属"设备"。与其他商业工具类似（如商业模式画布），导航在整个孵化期内既易于教授，又易用应用。你可以安排一次多人参加的工作坊或一对一的会议，帮助创业者识别、评估和制定创业机会战略。这样的培训直观、有趣。你可以把导航的各主要面板挂到墙上，用便利贴表示每个团队识别的及考虑的创业机会。导航的三个步骤是所要进行的团队讨论的"催化剂"，促进同伴间相互学习——对于创业初期的创业者来说这一点至关重要。

因为很多新创企业在加入这个项目时就已经有了明确的创业机会，这些企业就可以从导航的第二个步骤开始，直接对已定机会进行评估并将它放在吸引力地图的相应位置上。这个分析完成后，创业者就可以直观地看到这个机会是否值得作为主要机会去实施。不管他们的决定如何，都要再次回到第一步，寻找新的创业机会并对其进行评估，设计相应的敏捷聚焦战略。在这个过程中，他们可能会发现更优质的机会……

另外，持续使用导航才能将导航的价值发挥到最大，在加速期和学习的过程中，导航都可以作为一个反思工具。创业者可以即时更新导航，用共通的语言总结已学到的内容和讨论他们的战略制定过程。

总之，创业机会导航对于新创企业来说是极其重要的工具，是新创企业走向成功的强大支撑，同时也是加速器或创业孵化器获得成功的强大后盾！

5

后记：导航的自我应用

为创业机会导航制定战略

创业机会导航是一个协助创业者制定创业机会战略的商业工具。

在我们刚开始开发它时，很明确的一点就是我们独特的专业知识——也是导航形成的基础——可以用于满足其他细分市场的需求。如果我们想要针对某一有吸引力的市场开发一款有价值的产品/服务，我们就必须首先识别并仔细考虑这些机会选项，对它们进行优先排序。换句话说，我们必须遵守我们自己的建议，亲自利用这个工具。以下是我们如何将创业机会导航用于导航……

第一步是分析我们独特的能力，大范围进行搜索，寻找新的创业机会，从而制定创业机会集合。利用工作表 1，就能实现此目的。

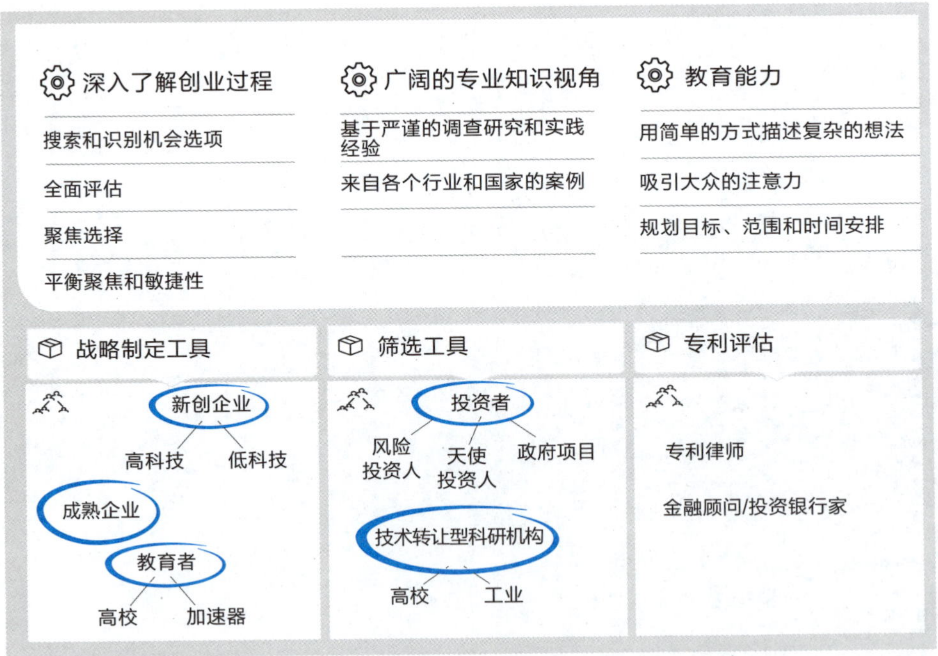

首先，我们独特的专业知识是建立在我们对创业过程的深入了解之上的，包括机会选项的识别、评估标准、选择机制和在做出重要决策时平衡聚焦与敏捷的挑战等。这个专业知识也建立在广阔的视角之上，因为其形成依赖于大范围的调查研究和实践经验，并基于来自跨越行业和国家成百上千件案例。我们都是相关领域里的知名讲师，作为教育者，我们不仅具有教育者的普遍能力，而且具有自己的独特能力。

这些独特能力可以用来创造用于管理创业机会选择的战略制定工具，适用于新创企业、成熟企业及各种教育者。它们也可以作为筛选工具，特别是对于投资人和 TTOs 来说，高难度的筛选决策是他们成功的关键。而且，我们还可以用我们的能力创造出专利评估方法，这对专利律师或诸如投资银行家之类的金融顾问等来说都是有帮助的。

在我们开始研究这些机会选项且与不同潜在用户进行沟通时，我们了解专利评估这种用途在目前看来与我们的专业知识相去甚远，因此我们决定对以下五个市场进行评估：新创企业、教育者、成熟企业、投资人和 TTOs。我们的创业机会集合已经准备好进入下一个阶段了。

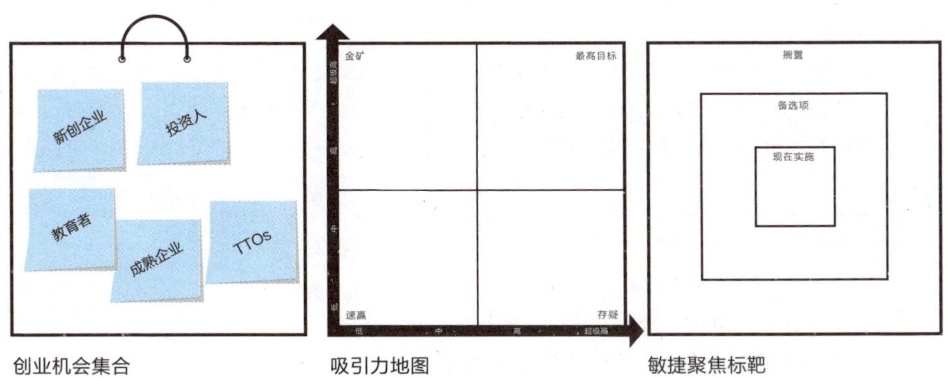

创业机会集合　　吸引力地图　　敏捷聚焦标靶

下一步我们将利用工作表 2 对每个机会进行评估。

新创企业：

在开始这个项目时，我们预想的原始用户就是各类新创企业。我们将这个创业机会的综合潜力评定为“高”，实施这个机会的综合挑战为“中”。以下是我们在评估过程中主要考虑的因素。

我们非常了解新创企业的需求，所以很自然地将他们的购买必然理由评定为“高”。我们一次又一次地看到创业者在创业机会选项上难以抉择，也没有结构化的机制来协助他们做出决策。

市场容量为“超级高”：全球创业观察（Global Entrepreneurship Monitor）的研究发现，在美国，1 500万以上的成年人（18到64岁）都在积极创业，在英国，这个数字大约为200万，全球为3.88亿。

这个市场的经济可行性为“中”，因为新创企业一般都处于资金不足的状态。虽然我们将导航设计为提高用户黏性的持久伙伴，但销售图书或软件的总体利润都是不高的。

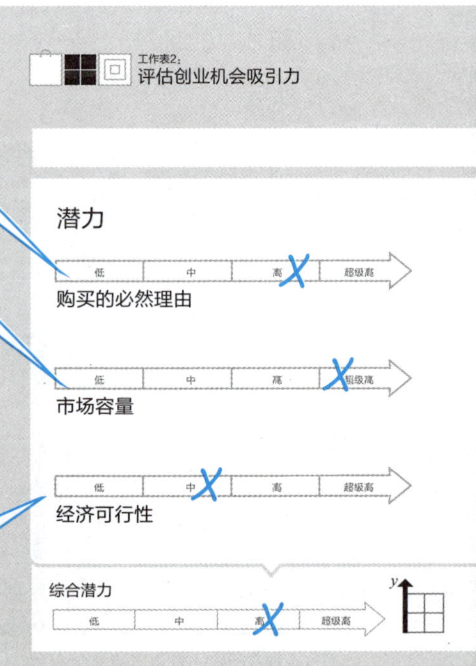

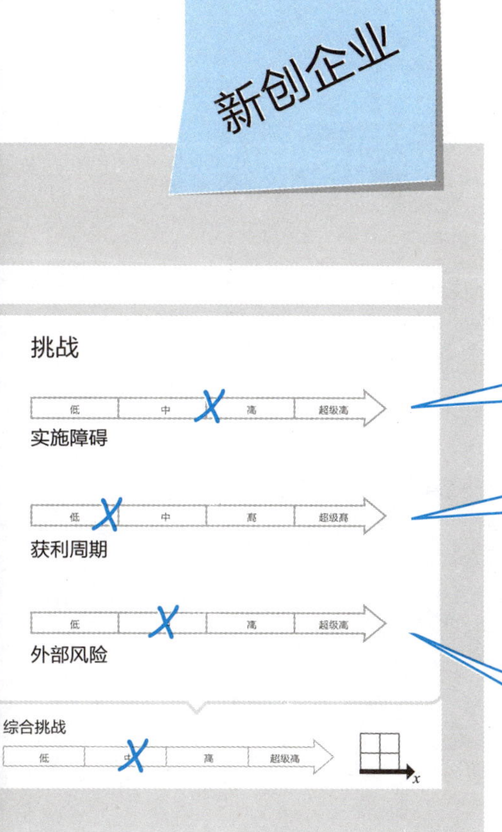

我们将实施障碍评定为“中—高”：虽然我们清楚知道我们的产品应该包括哪些方面，但我们还需投入大量资金来开发友好、易用的用户界面，并且进入这个市场。

我们预计获利周期会相对较短，因为市场已经成熟、销售周期短。

我们将要面对的外部风险评定为“中”，这主要因为市场上有很多为创业者提供优质建议的图书。

教育者：

我们在高校里讲授科技商业化和创业课程，所以我们本身就是教育者，非常熟悉这个市场，可以相对较容易地接触这个市场。

我们预计这个市场的综合潜力为“高”，综合挑战为“中”。得到这个评估结果，我们主要考虑了以下因素。

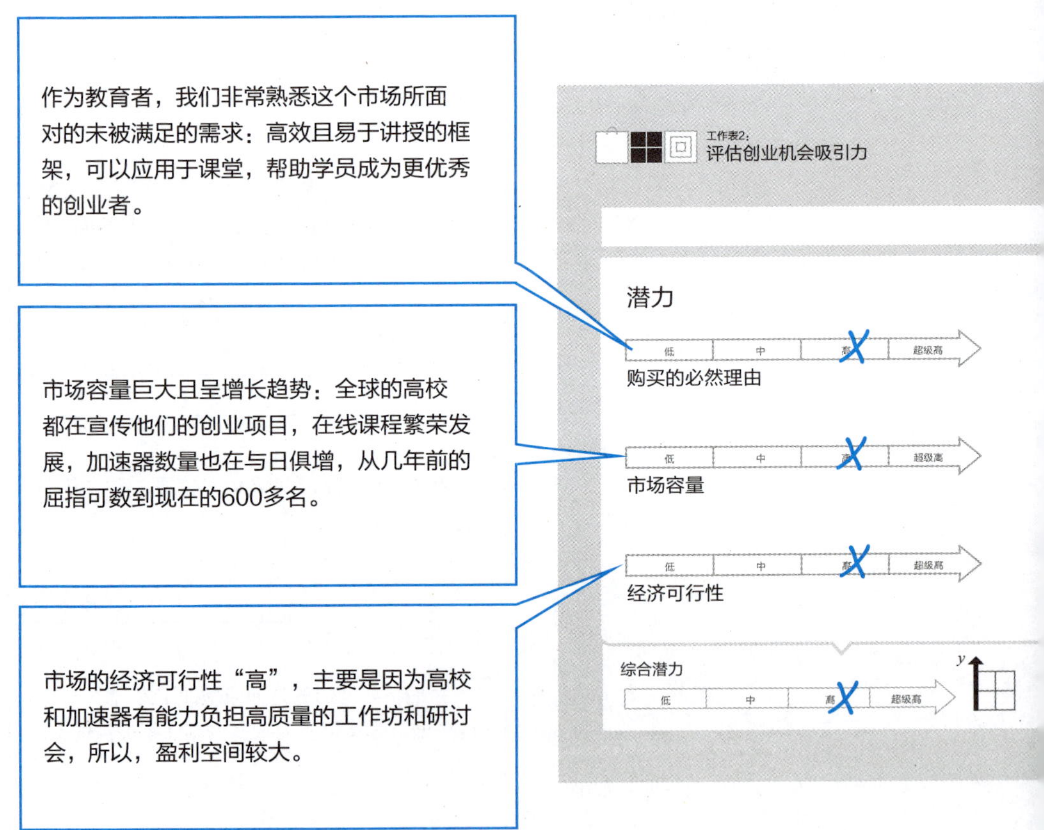

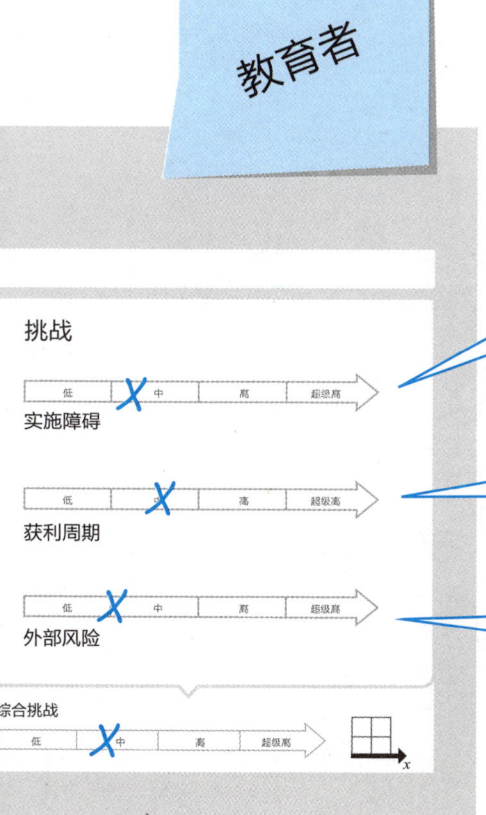

这个工具一旦开发完成，那我们就可以根据它设计一个课程并利用我们目前的资源和人脉等进入教育市场。

与新创企业相比，其获利周期相对较长，因为销售时间较长，尤其是要向高校和加速器进行销售。

外部风险相对较低，因为针对创业者的商业工具不常见，并且市场易于接受新想法。

成熟企业：

成熟企业必须创新，以保持其竞争力和识别新发展机会……否则，他们很可能会失去市场份额，最终面临倒闭的风险。成熟企业的管理人员可以利用创业机会导航识别发展机会选项并对其进行优先排序。

我们预计，这个创业机会的综合潜力在“高”和“超级高”之间，但综合挑战也相对较高。得到这个评估结果，我们主要考虑了以下因素。

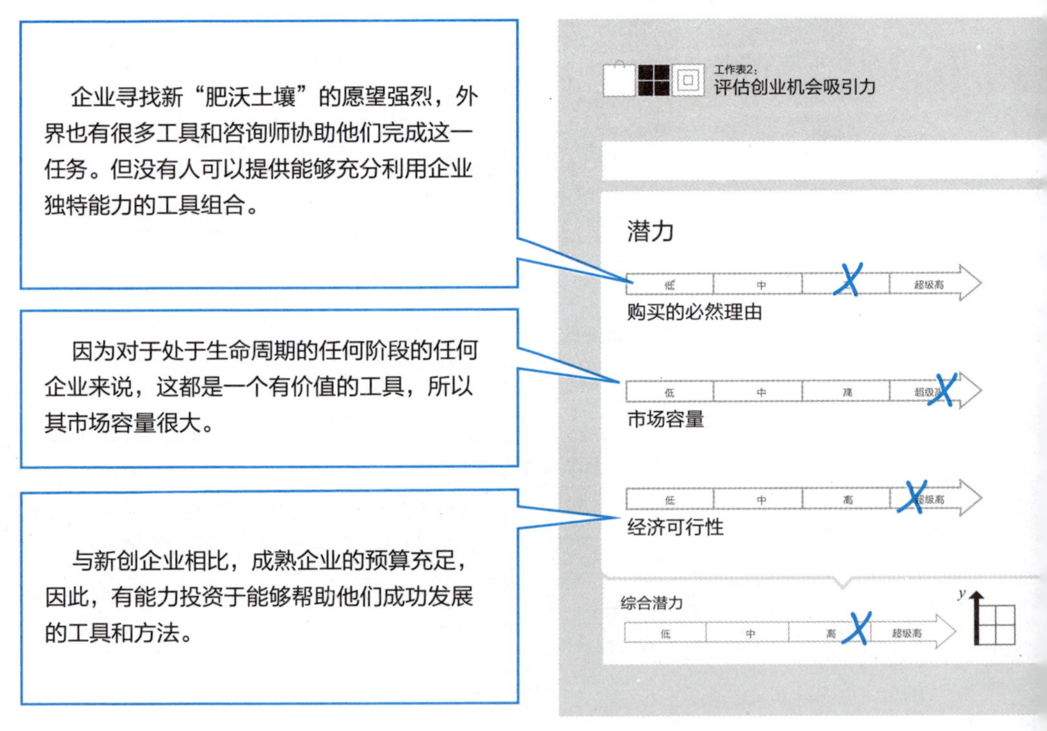

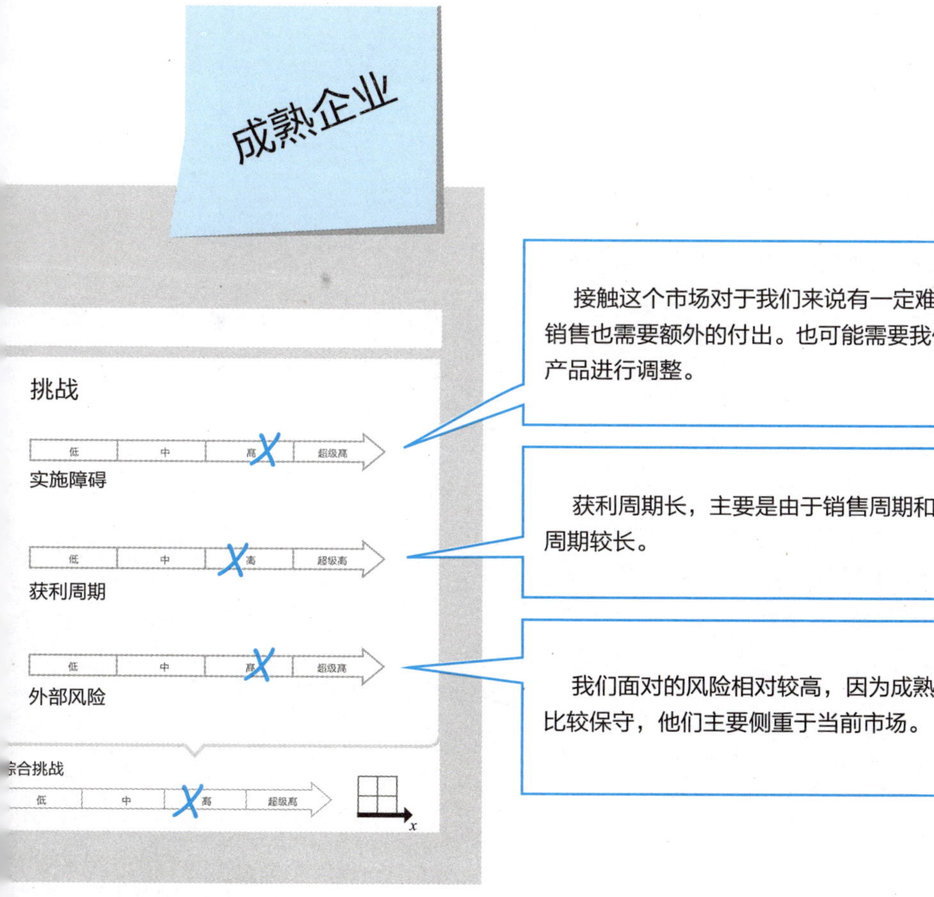

接触这个市场对于我们来说有一定难度，销售也需要额外的付出。也可能需要我们对产品进行调整。

获利周期长，主要是由于销售周期和实施周期较长。

我们面对的风险相对较高，因为成熟企业比较保守，他们主要侧重于当前市场。

技术转让型科研机构：

TTOs 旨在寻找具有潜在商业价值的研究，并制定如何利用这种研究的战略。TTOs 可以服务高校和研究机构、政府，甚至大型企业。他们可以利用创业机会导航作为筛选工具，全面了解发明创造的潜力，决定是否将发明创造商业化（如专利许可）。

我们预计这个市场的综合潜力和综合挑战都为“中”。得到这个评估结果，我们主要考虑了以下因素。

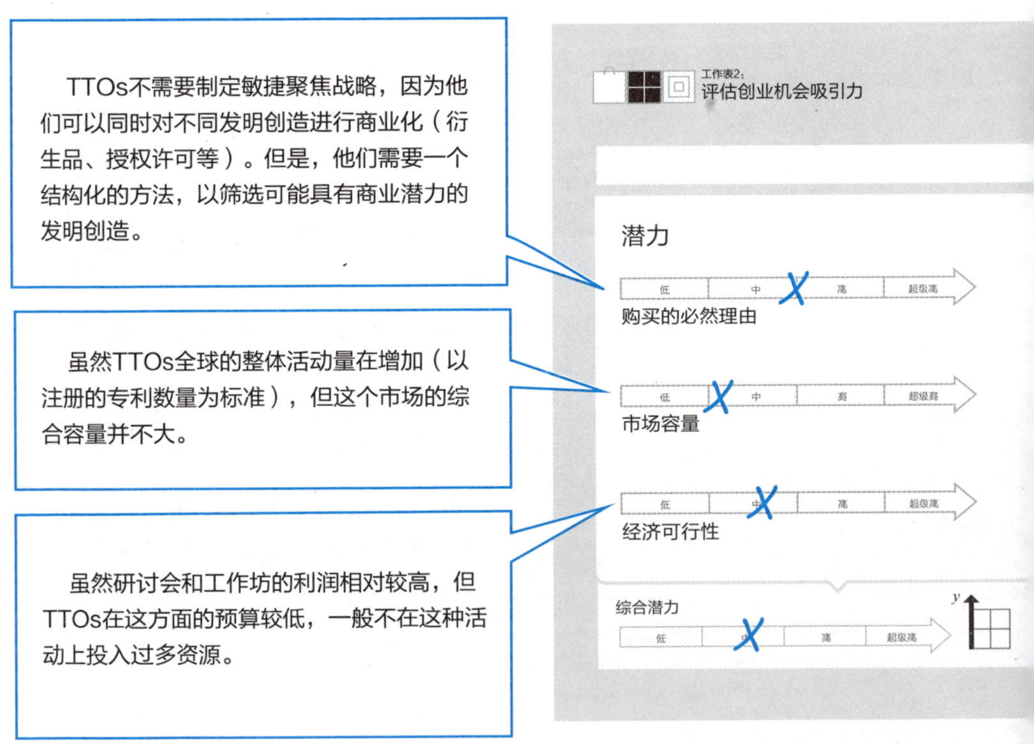

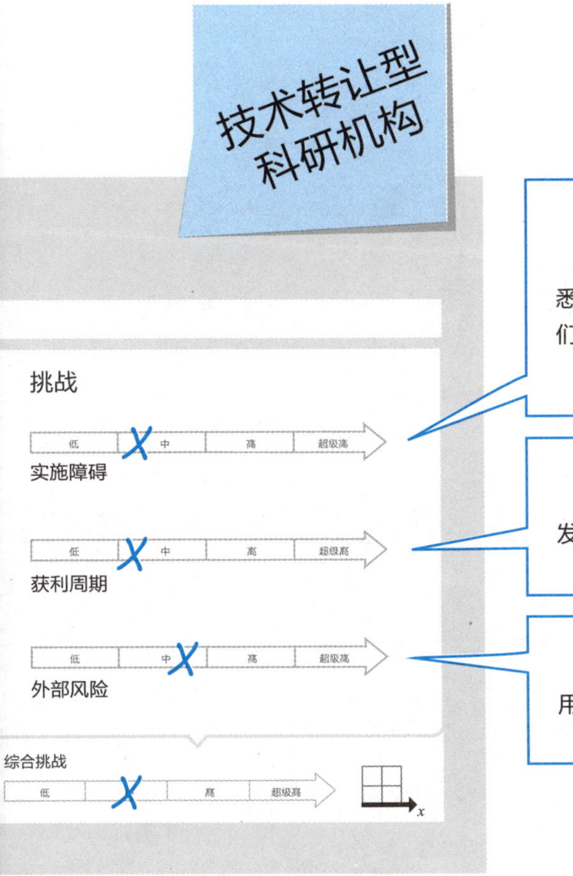

大多数TTOs隶属于高校，所以，我们熟悉这些用户，可以轻易地接触他们，并为他们量身定制产品。

获利周期相对较短，主要由于它们的产品开发时间和市场准备时间短。

我们预计风险为“中”，主要是因为这些用户的预算取决于高校的政策。

投资人：

新创企业早期阶段的投资人想要寻找的是有潜力的企业，创业机会导航可以协助投资人筛选它们，并与他们的投资伙伴达成协议。

我们预计这个市场的综合潜力为“中—高”，综合挑战为“高”。得到这个评估结果，我们主要考虑了以下因素。

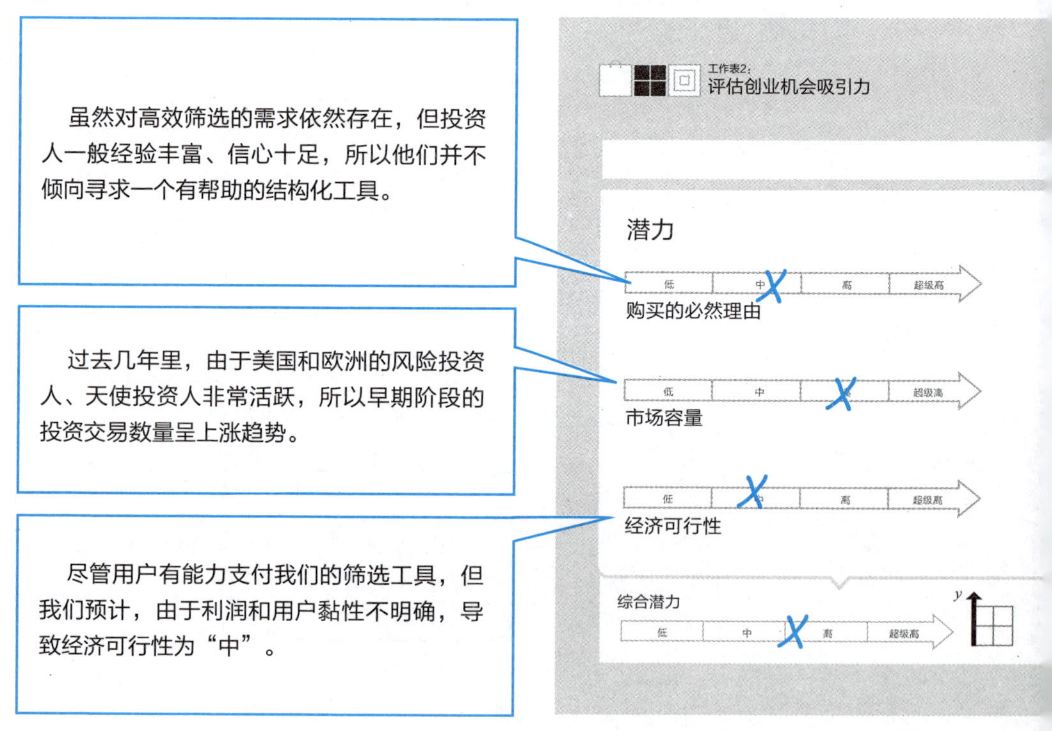

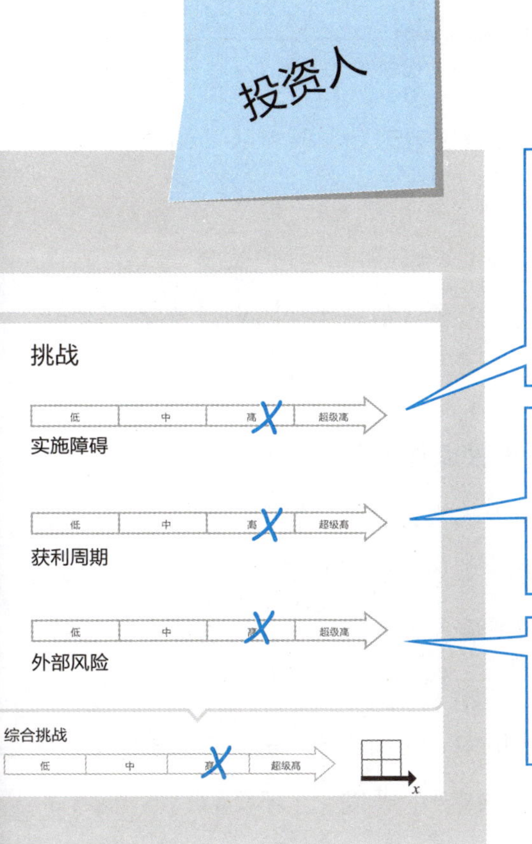

实施障碍为“高”，因为产品需要根据市场的特定需求进行调整，进入市场也需要额外的付出。

我们预计，只有在这款产品成功应用于新创企业后，投资人才会采用我们的产品，因此获利周期相对较长。

由于竞争威胁和产品接受障碍不确定，这个创业机会的风险相对较高。

吸引力地图直观地展现了每个创业机会的综合等级，有助于我们对这些机会选项进行分类和比较。

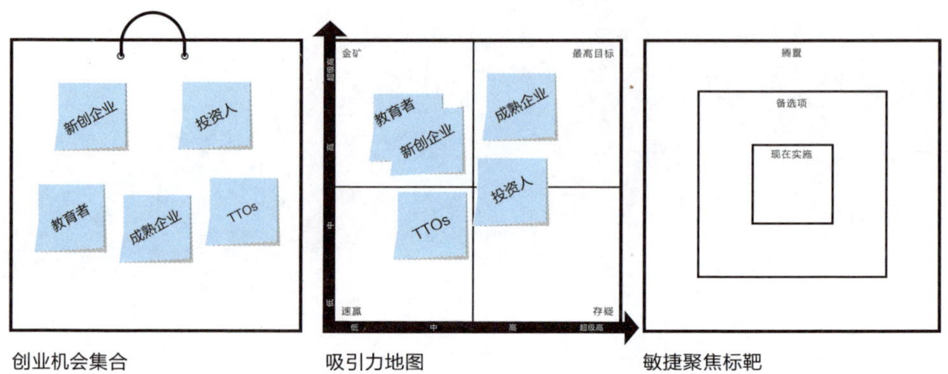

创业机会集合　　吸引力地图　　敏捷聚焦标靶

根据地图显示，新创企业和教育者都位于金矿区域；成熟企业为最高目标机会，TTOs 为速赢机会；投资人位于中间位置。

我们决定，新创企业为我们的主要创业机会。现在，我们需要了解其他创业机会与主要创业机会有何联系，这样我们才能以主要机会为基础建立敏捷机会组合。

接下来，我们要利用工作表 3 设计敏捷聚焦战略。

与新创企业相比，教育者是最具吸引力的机会。这个机会与新创企业联系最为紧密——无论是在产品方面还是在市场方面，所以，我们可以相对较轻松地提升我们的价值。我们决定将其看作与主要市场并行的发展机会选项。

下面我们要分析的是**技术转让型科研机构**。我们的产品需要在某些时候调整为筛选工具，因为新创企业和 TTOs 需要的渠道完全不同，也不需要相互参考，所以这两个创业机会的产品关联度和市场关联度等级为“中”。但 TTOs 仍然可以作为发展机会选项，我们会对其保持开放态度。

我们的工具在**成熟企业**这个市场里似乎具有较高潜力。它们要求的产品与新创企业要求的产品类似，但两个市场关联不大。虽然这个机会能够在未来成为具有潜力的发展机会选项，但它也能够作为备选项——如果我们在新创企业市场失败的话。所以，我们决定对其保持开放态度。

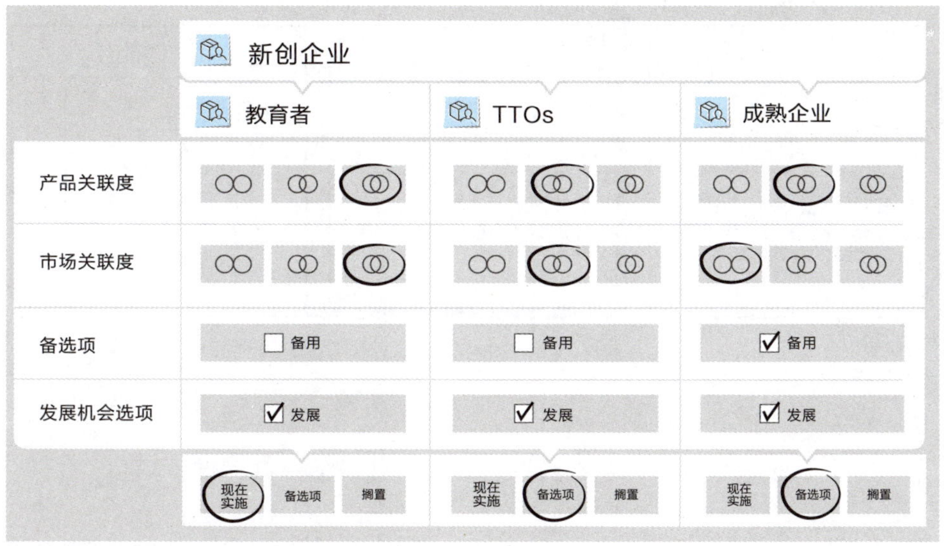

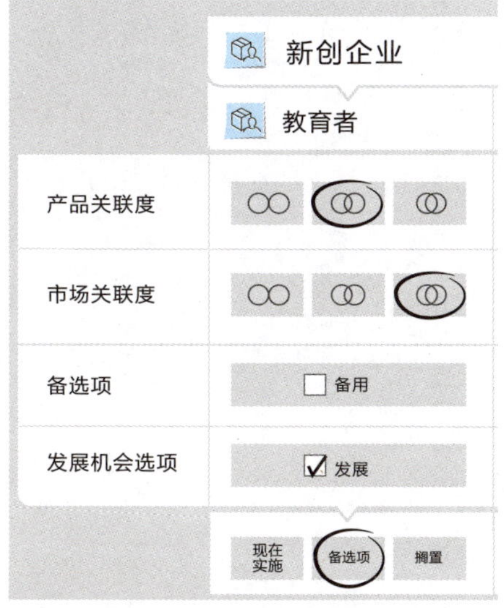

最后，我们要看的是**投资人**。虽然产品需要进行一定的调整，但与主要市场的产品具有一定关联，且市场关联度较高——这两个市场都要求好的口碑。

未来我们可以利用这个机会发展企业，所以，我们决定对其保持开放态度。

现在，我们要整理所有的决策，在标靶上展示我们的战略：我们会聚焦于新创企业和教育者，将 TTOs 和投资人看作发展机会选项，成熟企业看作备选项。

导航的导航如下图所示：

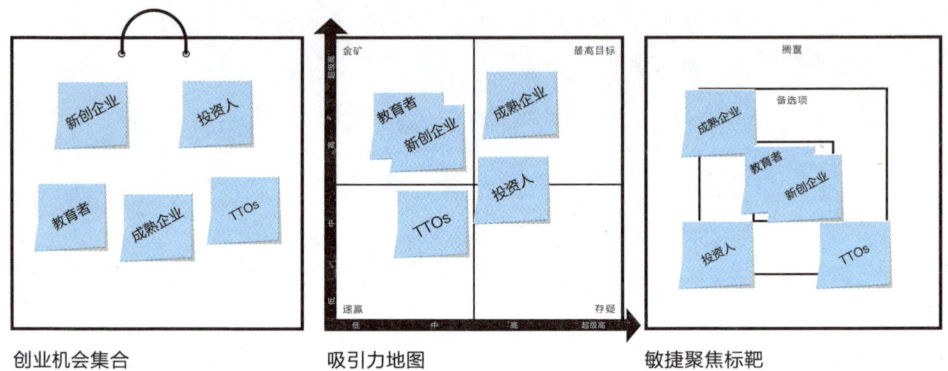

创业机会集合　　吸引力地图　　敏捷聚焦标靶

根据这个决策，在刚开始时，我们就按照创业者的要求对工具进行调整，决定完成这本书和录制在线课程。我们还开发了几门课程项目，以满足教育者的需求。

总之，敏捷聚焦战略协助我们规划了路线图，形成了市场营销的方案和关键信息。

现在，轮到你来决定进入哪个市场。使用导航，确保自己向着正确的方向前进，在保持聚焦的同时不失敏捷性！

以下工作表为你而作……

创业机会导航

企业名称

日期

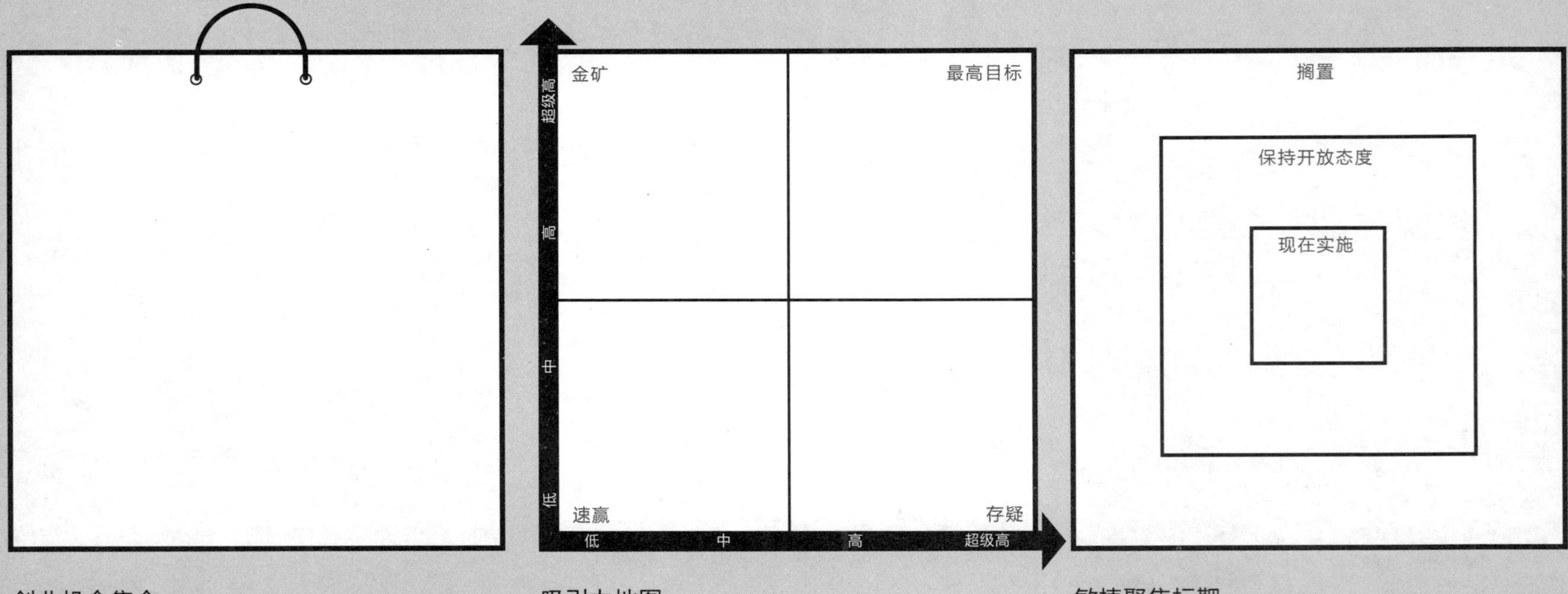

创业机会集合

1 利用工作表1识别潜在创业机会，并将它们放在机会组合中。

吸引力地图

2 利用工作表2对每个创业机会的吸引力进行评估，将它们置于地图的相应位置上。

敏捷聚焦标靶

3 利用工作表3设计你的敏捷聚焦战略，并将它标记在标靶上。

创业机会=应用+用户的任意组合

用便利贴代表创业机会。

1

工作表1：

制定你的创业机会集合

企业名称

日期

列出企业的核心能力或技术要素

根据它们的功能和特征对其进行分类。用通用的方式对其进行描述，不考虑你（预想的）产品。

能力

识别你的创业机会

利用核心能力，你可以提供哪些应用场景？哪些用户需要这些应用。放大用户群，对其进行细分。

应用

用户

应用 + 用户 = 创业机会

将待评估的创业机会置于创业机会集合中。

工作表2：

评估创业机会吸引力

企业名称 日期

该工作表可以评估任何创业机会。

创业机会：

潜力

低	中	高	超级高

购买的必然理由
未被满足的需求
高效解决方案
优于现有解决方案

低	中	高	超级高

市场容量
当前市场规模
预期增长

低	中	高	超级高

经济可行性
利润率（价值和成本）
用户的购买力
用户黏性

综合潜力

低	中	高	超级高

y

挑战

低	中	高	超级高

实施障碍
产品开发的难度
销售和分销的难度
筹集资金的挑战

低	中	高	超级高

获利周期
产品开发时长
产品准备就绪和市场准备就绪之间的时长
销售周期

低	中	高	超级高

外部风险
竞争威胁
第三方依赖性
产品接受障碍

综合挑战

低	中	高	超级高

x

根据综合等级将每个创业机会置于吸引力地图的相应位置上。

工作表3

设计敏捷聚焦战略

企业名称 日期

根据你的主要创业机会，建立相关的敏捷创业机会集合，降低风险、提高价值。

I. 选择你要聚焦的主要创业机会（根据吸引力地图）。

II. 从组合中挑选其他具有吸引力的创业机会，识别潜在的备用和发展机会选项。

与主要创业机会的关联性： **产品关联性** 产品之间在以下方面的共享程度： 技术能力、必备资源、必要的人际关系网络			
市场关联性 用户之间在以下方面的共享程度： 价值和利益、销售渠道、口碑			
适合： **备选项** 其他具有吸引力的创业机会，不承担与主要创业机会相同的重大风险，可以进行方向上的改变。	☐ 备用	☐ 备用	☐ 备用
发展机会选项 可以给你的企业创造新价值的具有吸引力的创业机会。	☐ 发展	☐ 发展	☐ 发展

III. 设计你的敏捷聚焦战略：

- 至少挑选一个备选项和一个发展机会选项
- 确定是否有任何机会选项需要现在就实施
- 搁置其他机会选项

现在实施 / 保持开放态度 / 搁置	现在实施 / 保持开放态度 / 搁置	现在实施 / 保持开放态度 / 搁置

在敏捷聚焦标靶上制定你的战略。